KB038885

고어텍스와
소나무

이 도서의 국립중앙도서관 출판예정도서목록(CIP)은
서지정보유통지원시스템 홈페이지(http://seoji.nl.go.kr)와
국가자료공동목록시스템(http://www.nl.go.kr/kolisnet)에서 이용하실 수 있습니다.
(CIP제어번호 : CIP2015024772)

물질문화를 통해 본
소비의 문화정치학

··

고어텍스와
소나무

··

류웅재·최은경·이영주 지음

한울
아카데미

차례

일러두기
본문에 실린 사진 가운데 출처 표시가 없는 것은 저자들이 직접 찍은 사진입니다.

프롤로그

　요즘 주변에서 세상 살기 어렵다는 말을 자주 듣는다. 사는 게 힘들고 팍팍하다는 말이 여기저기에서 들려온다. 단군 이래 최고의 스펙과 학력을 갖추었다는 청년 세대의 취업 문턱은 그 어느 때보다 높고, 노년의 삶 또한 불안정하기 이를 데 없다. 브레이크 없이 내달리는 듯한 숨 가쁜 경쟁과 도처에 편재하는 부당한 갑을관계 문화가 우리 사회에 일상화된 지 오래다. 실직과 이혼, 자살과 끔찍한 사건·사고 또한 결코 먼 나라, 먼 옛날, 남의 일이 아니다. 이런 일들은 며칠 간격으로 신문의 1면을 장식하고 있으며, 세상 돌아가는 일에 조금만 관심을 기울이면 우리 주위에서 어렵지 않게 접할 수 있다. 어느새 가계 부채는 1000조를 넘고, 11%를 상회하는 청년 실업률, OECD 최고 수준의 자살률과 체감 실업률을 기록 중인 사회, 1%의 선택받은 사람들을 제외한 99% 대중의 삶은 그래서 고단하고 눈물겨운 것일까.

그런데 삶의 고통을 호소하는 목소리들을 일상에서 어렵지 않게 접할 수 있음에도, 정치적·사회적 공론의 장에서는 이에 대해 진지하고 합리적으로, 나아가 지속적으로 논의되지 않아 기이한 느낌이 들 정도다. 과거 한국 사회에서 다양한 형태로 분출되던 시민 사회와 각종 이익 집단의 강력하고 효과적인 저항이나 가시적인 갈등 또한 좀처럼 찾아보기 어렵다. 간혹 인터넷이나 언론을 통해 터져 나오는 무수한 '개인'들의 하소연이나 외마디 비명조차 전면적이거나 사회적인 울림을 불러일으키는 형태로, 또 더 나은 사회와 공동체를 위한 다른 목소리들과의 굳건한 연대로 이어지지 못한다. 이들은 대체로 일회적이고 한시적인 해프닝에 그치거나, 언론에 의해 그렇게 묘사되는 경우가 대부분이다.

정부의 일자리 창출이나 비정규직 문제 해법, 주거와 복지, 교육과 육아, 급증하는 노년층의 노후와 관련된 정책은 그간 한국 사회가 이룬 경제적 성취가 무색하리만치 열악한 수준이다. 2014년 일어난 세월호 참사와 '땅콩회항', 백화점 모녀의 주차요원 폭행이나 아파트 경비원 분신 사건에서 상징적으로 드러나듯, 우리 사회의 안전과 시스템, 나아가 불평등한 갑을 문화에 기인하는 다양한 사회적 문제들은 사건 당시에는 언론의 지면을 뜨겁게 달구다가도 시간이 지나면 서서히 잊힌다. 이와 관련된 정치적·공적 담론 또한 예외 없이 임기응변적이고, 이 때문에 대다수 국민들은 삶의 불안정성과 곳곳에 도사린 중층적 위험, 그리고 일상화된 불안과 모멸감에 거의 무방비로 노출되어 있다고 해도 틀린 말이 아니다.

이러한 사회적 문제의 해결을 위한 정책적·제도적 해법, 나아가 구성원의 삶의 질 개선, 복지제도나 사회 안전망 확충에 대한 정치권과 재계 그리고 언론의 담론들은 귀를 의심하지 않을 수 없을 정도로 구태의연하고 당파적이다. 그렇지 않은 담론들도 선거를 위한 정치 공학적 논리에 머무르고 있다. 어느 사이 우리 삶에 일상화되고 전면화된 무한경쟁과 성과주의 사회 속에서, 목표 지점은커녕 방향도 모르는 채 발걸음을 내디뎌야 하는 수많은 주체들은 항상적인 불안과 피로감에 시달린다. 그런데 사회 안전망과 제도적 해법에서 비껴간 무수한 개인들의 다양다기한 문제들은 대개 자살이나 살인, 비인간화나 분노조절장애 등 인격 파탄이나 극단적 일탈의 형태로 그려지곤 한다. 기껏해야 언론을 통해 전문가의 카운슬링이나 정신과 치료가 필요한 지극히 '사적'인 문제로 묘사되고 또 잊혀간다.

이제 모든 공적이고 사회적인 문제는 의지와 태도, 긍정성과 열정 등 개인적이며 심리적인 것으로 축소되거나 환원되고, 이런 맥락에서 치유문화와 힐링healing, 나아가 자기계발 산업이 불황을 모르고 번성한다. 이와 같은 각자도생各自圖生의 시대는 '저스트 두 잇Just Do It'이나 '킵 고잉Keep Going'과 같은 광고 카피나 일상 언어의 배면에 드리워져 있는 미국식 무한경쟁, 종착역 없는 전진과 지속가능한 성장이라는 생활양식을 일종의 시대정신으로 정상화한다. 한편에선 이러한 맹목적이고 광기 어린 질주의 뒤안길에서 그동안 잊고 지내던 망실된 감각과 경험에 대한 새로운 사회적 욕망을 불러일으키기도 한다. 젊은 층의 귀농이나 귀촌, 주말 산행과 캠핑, 도심 텃밭 가꾸기, 그마저 여의치 않으면 아파트 베란다에서의 채소 가꾸기 등 자연 친화적 삶으로의 회귀를 예로 들 수 있다. 이는 빛보다 빠른 속도의 디지털 시대에 느리고 불편한 아날로그적 삶과 확실하며 존재감을 갖는 물질에 대한 관심과 동경으로서 그러한 욕망 가운데 일부이다.

동시에 그러한 욕망은 소비와 여가를 이 시대 새로운 삶의 양식으로 부상하게 하고, 가히 종교라고 할 만한 경지로 끌어올렸다. 일례로 주말이면 도심 인근의 극장과 고급 레스토랑을 갖춘 대형 쇼핑몰로, 깨끗하게 정비된 주차 시설을 갖춘 백화점과 마트로, 또 지자체마다 경쟁적으로 개발 중인 둘레길과 캠핑장으로 떠나는 일상은 어느 순간 낯익은 삶의 풍경으로 자리 잡았다. 과거 '귀성(경) 전쟁'이라는 언론의 수사에서 드러나듯 민족의 대이동으로 전 국토가 몸살을 앓던 추석이나 설 연휴 기간에, 해외여행을 떠나는 인파로 인산인해를 이루는 국제공항의 풍경 또한 이러한 변화의 단면을 느끼게 해준다. 이는 과거 한국 사회와 한국인을 설명하던 체면이나 획일성, 냄비 근성이나 물질만능주의 등 개인의 관계 맺기나 일탈을 향한 욕망, 또는 내밀한 심리적 기제만으로는 환원해서 설명하기 어려운 현상인 듯하다.

또 다른 예로 최근 2030세대의 종교 이탈이나 여기저기에서 드러나는 탈권위와 공동체 붕괴 현상은 표면적으로는 권력화한 기성 종교와 정치, 제대로 작동하지 않는 민주주의와 공적 제도, 부패한 사회 지도층과 유약한 지식인 사회에 대한 대중의 절망과 외면을 보여준다. 또한 이는 과거 상당히 효과적으로 개인을 돌보던 가족과, 이웃사촌으로 대변되는 마을 사회 등 작은 단위의 공동체가 붕괴되었다는 증거이도 하다. 몇 년 사이 급증한 싱글 가구주나 결혼은 했어도 양육의 부담과 엄청난 사교육비 탓에 아이를 가지지 않(으려)는 부부, 외롭고 쓸쓸한 노년을 보내는 독거노인 가구의 증가 등은 신자유주의 한국 사회에서의 삶이 녹록지 않고, 무언가가 근본적으로 잘못되어 가고 있음을 가감 없이 드러내 보여준다.

한편에서는 이러한 문제를 용기 있게 직시하거나 발화하기보다, 이를 대신한 자기계발과 상업화된 힐링 산업이 그 자리를 대체해버렸다. 커피와 와인, 명품과 자동차, 캠핑과 여행 등으로 대변되는 다양한 취향 및 동호회 문화, 심각하게 왜곡되고 형해화된 인문학 열풍, 성형과 피트니스의 인기, 자연적 삶에 대한 동경과 귀농, 귀촌, 또는 전원주택에 대한 관심, 그리고 여가와 소비는 그러한 사례들 가운데 일부이다. 지그문트 바우만의 표현을 빌리자면, 우리는 모든 무겁고 공적이며 견고한 것들이 녹아내려 가볍고 사적이며 액체성을 띤 것으로 변화한 시대를 살고 있다. 그럼에도 우리는 만연한 불평등과 심화되어가는 양극화 사회에 효과적으로 저항하지 못한다. 미디어를 통해 확대 재생산되는 1% 기득권 계층의 세련된 목소리와 논리를 마치 나 자신의 것인 양 받아들이고, 심지어 이런 불평등과 사회적 모순을 용인하거나 적극적으로 옹호하며 살아가기도 한다.

가히 소비의 시대라 할 만하다. 불확실하고 먼 미래를 어렵게 대비하는 남루하고 곤고한 삶보다, 미래에 저당 잡힌 현재를 소중히 여기는 라이프스타일은 필연적으로 소비를 이 시대를 견인하는 힘이자 패러다임, 또는 시대정신 그 자체로 등극하게 했다. 어느새 시민과 민주주의 그리고 정치보다는, 소비자와 소비사회 그리고 경제가 이 시대를 표상하는 정치적 구호이자 담론으로 굳건하게 자리 잡았다. 과거 시민은 정부를 소유한 주체이고 정부는 시민을 대리하거나 그들의 권리를 위임받은 대리인이었지만, 이제 시민은 정부로부터 행정 서비스를 제공받는 대상으로 간주된다. 시민은 정치의 주체가 아니라 고객이 되었고, 정치와 경제, 교육과 언론은 이윤을 극대화하기 위한 마케팅 차원에서 시민을 목적이 아니라 그저 얼굴 없는 대상으로 간주한다.

그렇다. 한 번 본 적도 없는 텔레마케터가 "고객님, 사랑합니다"라고 끊임없이 유혹하는 사회에서 어느새 '소비자는 왕'이 되었다. 이 시대의 주술이자 교의가 된 소비를 둘러싼 사적이며 은밀한 욕망 뒤에 작동하는 힘과 이러한 시대를 살아가는 주체, 그리고 이들이 생성해내는 물질문화와 사회에 대한 관심이 우리를 이처럼 길고 험하지만 의미 있고 흥미로운 여정으로 이끌었다. 이제 대도시 근교의 어느 산에서나 고어텍스로 대변되는 고기능성 소재의 등산복에 방수 처리된 등산화, 명품 배낭과 모자, 스틱과 고글 등으로 전문 산악인을 방불케 하는 차림을 한 등산객들을 볼 수 있게 되었다. 이 책의 제목이 암시하듯, 소나무가 많은 완만한 지형의 산에는 어울리지 않는 고어텍스와 같은 고기능성의, 그리고 여기서 파생되거나 상당한 유사성을 지닌 '과잉의' 물질문화를 이제 우리 사회 어디에서나 어렵지 않게 찾아볼 수 있다.

팍팍하고 신산한 삶을 사는 조기 퇴직자나 문화생활에 많은 투자를 하기 어려운 대도시 중산층에게 가까운 산에서 즐기는 산행만큼 저렴한 비용에 만족감을 느낄 수 있는 놀이가 많지 않다는 점에서, 아웃도어를 비롯한 우리 사회의 다양한 물질문화를 단순히 차가운 관찰자의 시선으로 바라보며 무작정 비난하기는 어렵다. 이러한 점에서 이 책은 우리의 여가와 취향에 대한 선호, 소비와 소비문화 역시 두텁고 촘촘한 경제적·사회적 맥락에서 자유롭지 못한 것이라는 현실 인식에서 출발한다. 이를테면 주말은 물론 주 중에도 산을 찾는 사람들이 급속하게 늘고 있다는 사실은, 단순히 여가와 취미 또는 건강관리의 차원을 넘어 오늘날 조기 퇴직이나 실업, 비정규직의 문제 등 전 지구적 경제 위기하에서 지쳐 있는 한국 사회의 쓸쓸한 단면을 보여준다. 나아가 이는 오늘을 살아가는 많은 한국인들이 일상의 긴장과 불안, 피로와 허기 등 무언가를 배출하고 해소할 공간과 활동이 절실함을 보여준다는 점에서, 이 책의 기획 의도와 전반적 논조 또한 일종의 양가성 내지 모호함을 지님을 숨기기 어렵다.

우선 이 책의 서문 격인 제1장에서는 아웃도어를 중심으로 여가의 일상화와 산업화, 또는 물신화에 관해 인문사회과학의 영향력 있는 이론적 논의들을 활용해 성찰적으로 논구한다. 가령 신자유주의적 자본주의하에서 다양한 취향문화와 차이의 문화정치, 소진사회와 힐링, 문화산업, 스펙터클 사회, 물질문화, 현대사회의 불안, 소비주의 등의 키워드를 중심으로, 공적이며 구조적 의제와 담론이 사적이며 미시적 소비의 영역에 자리를 내주거나 치환되는 과정에서 필연적으로 드러나는 문제점들에 관해 이야기하고 있다. 이를 위해 소스타인 베블런Thorstein Veblen, 프랑크푸르트학파Frankfurt Schule, 마셜 매클루언Marshall Mcluhan, 지그문트 바우만Zygmunt Bauman, 기 드보르Guy Debord 등과 함께, 최근 세계적 대중 작가로 명성을 얻고 있는 알랭 드 보통Alain de Botton과 에바 일루즈Eva Illouz 등의 논의를 다양한 사례와 경험적·삽화적 접근을 통해 풀어내고 있다. 이 장은 이 책의 기획 의도

가 드러나는 지점이자 각 장의 사례 중심의 기술에 관한 논의를
맥락화하기 위한 배경 또는 후경으로, 필자의 「물질문화로서 아
웃도어에 관한 연구: 아날로그적 물질문화에 관한 소고」를 재구
성한 것이다.

제2장에서는 제1장의 논의를 바탕으로 아날로그적 물질문화
의 몇 가지 사례를 통해 더 미시적이고 세부적으로 한국인과 한
국 사회를 독해하고 있다. 가령 개인들의 소비와 이것에서 파생
한 소비주의가 자본주의를 추동하거나 작동시키는 방식에 관해,
명품 소비를 둘러싼 문화정치와 감정자본주의 등의 개념적 자원
을 활용해 성찰적으로 논의하고 있다. 나아가 소비를 관조적 시
각에서 비판하는 것에 머물지 않고, 이것의 창조적 가능성에 관
해서도 논구하고 있다. 일례로 미디어로서의 물질문화, 놀이로
서의 소비, 아날로그적 감수성의 복원, 자기효능감과 연대를 가
능하게 하는 성찰적 소비 등에 관해 아웃도어와 명품, 시계와 구
두 등의 구체적 사례를 들어 진단하고, 이것이 함의하는 새롭고
창발적인 가능성에 관해서 모색하고 있다.

제3장과 제4장에서는 여성의 명품 가방과 구두의 소비 형태
를 각각의 사례로 들어 우리 사회에서 누가, 또 무엇이 구체적
소비의 대상을 규정하고 있는지 논의한다. 이러한 소비가 사회
문화적으로 어떤 의미를 지니고, 또 이를 어떻게 이해해야 하는
가에 관해 정치경제학적이며 여성주의적 시각에서 진단하고 있

다. 특히 이러한 소비의 과정에서 엄청난 파급력을 지닌 미디어와 대중문화의 역할에 관해 비판적으로 논한다. 여성이 상품의 주요 소비자로 인식되기 시작하면서 이들의 소비가 갖는 경제적·사회적·문화적 배경과 맥락, 그리고 전망은 어떠한 것인지에 관해 탐구하고 있다. 이를 통해 물신주의에 포섭된 사회 속의 주체는 누구이며, 무엇을 위해 살고 있고, 또 어떻게 살아야 하는가에 관한 중요한 철학적인 질문을 던지고 있다.

제5장에서는 과거 한국 사회의 '집'을 향한 다채로운 욕망의 계보학을 추적하고 있다. 일례로 휴식과 사생활, 놀이와 어울림, 가족과 친밀성, 이웃과 공동체를 매개하던 주거문화가 집의 근대화 과정에서 어떻게 파괴되고 해체되었는지 진단한다. 이를 바탕으로 오늘날 한국 사회의 '집'을 둘러싼 전쟁을 성찰적으로 논하고 있다. 집이 이제는 휴식과 우애의 공간이 아닌 더 넓고 좋은 집을 향한 욕망의 증식과 전략을 창조하는 공간이 되었고, 지난 30년간 아파트를 매개로 견고하게 다져진 한국 사회의 부동산 경제체제는 이제 전원주택이란 무대에서 또 다른 모습으로 발아되고 있음을 보여준다. 특히 이 장에서는 '물질문화'로서의 집을 어떻게 사유해야 하는지를 다루면서, 그간 한국 사회가 걸어온 집을 향한 여정, 아파트게임에서 드러나는 고통스러운 사회적 풍경, 그리고 전원주택이 만들어내는 새로운 문제들을 중심으로 참된 '집'의 의미를 찾고 실천해볼 것을 제안한다.

이 책을 펴내기까지 처음부터 큰 관심과 인내심을 가지고 도움을 주신 도서출판 한울, 한울의 윤순현 과장님, 하명성 선생님 그리고 변함없는 열정으로 마지막까지 함께해준 저자들께 이 자리를 통해 깊은 감사의 마음을 전한다. 우리 사회와 개인을 둘러싼 구체적 삶의 문제에 관한 진지한 자기반성으로 고해성사를 하듯 써내려간 이 책을 독자 여러분께서 얼마나 아끼고 저자들의 주장에 공감할지 궁금하고 또 두렵다. 물질문화를 통해 한국 사회를 읽어내고 새로운 가능성과 대안적 전망을 모색해보고자 한 이 작업이 비록 거칠고 흠결이 많은 미완의 시도일지라도 독자 여러분의 관심과 애정 어린 질정을 기대한다. 이 작업이 앞으로 더욱 정련되고 울림이 큰 작업으로 나아가기 위한 징검다리가 되기를 소망한다.

2015년 8월
남산 자락이 보이는 연구실에서 저자들을 대신하여,
류웅재

제 1 장

여가의 일상화와
아웃도어의 부상

류웅재

들어가며

가히 아웃도어의 시대라 할 만하다. 이는 가깝게는 주 5일제 근무의 정착과 더불어 불기 시작한 한국인의 라이프스타일의 변화를 보여주고, 나아가 신자유주의 시대의 소비문화란 맥락에서 설명될 수도 있는 현상이다. 특히 최근 등산 인구의 폭발적 증가는 아웃도어 열풍을 압축적으로 설명해준다. 이제 동네 인근의 나지막한 산을 오를 때에도 고기능성 소재의 등산복에 방수 처리가 된 등산화, 명품 배낭과 모자, 스틱과 고글 등으로 전문 산악인을 방불케 하는 차림을 한 등산객들을 어렵지 않게 볼 수 있게 되었다.

이러한 현상의 원인으로는 크고 작은 산이 여기저기에 펼쳐진 한국의 지리적 특성을 들 수 있고, 최근 지자체마다 경쟁하듯 만드는 둘레길도 한몫을 할 것이다. 조금 다른 시각에서 이 현상은 우리 사회의 여가의 질과 콘텐츠가 그만큼 빈곤하다는 방증으로도 볼 수 있을 것이다. 한편으로 주말은 물론 주 중에도 산을 찾는 사람들이 급속하게 늘고 있다는 사실은 단순한 여가와 취미, 혹은 운동이나 건강관리의 차원을 넘어, 오늘날 조기 퇴직이나 실업, 비정규직의 문제 등 전 지구적 신자유주의가 확대시키고 있는 한국 사회의 경제적 불황이라는 쓸쓸한 단면을 보여준다. 또 많은 한국인들이 일상의 긴장과 불안, 피로와 허기 등 무언가를 배출하고 해소할 공간과 활동을 절실하게 필요로 함을 보여주기도 한다.

최근 등산 외에도 피트니스와 캠핑, 골프와 자전거, 그 어느 때보다 자유로워진 해외여행과 명품 소비의 증가 등이 여가와 일상의 다원화를 암시한다. 동시에 이러한 현상은 자본주의의 심화와 더불어 점증하는 개인화privatization 혹은 취향의 문화정치 cultural politics of taste와도 무관하지 않을 것이다. 바로 이 지점이 이 책을 기획하면서 우리가 품게 된 궁금증과 관심의 한 자락이다. 이를 위해 아웃도어, 시계, 구두, 명품 가방, 전원주택 등의 키워 드, 즉 여가나 취향, 또는 일상과 관련된 물질문화를 통해 동시 대의 한국 사회를 꼼꼼하면서도 두텁게 읽어보고자 한다. 그렇 지만 이 책은 이러한 물질문화에 대한 체계적이고 포괄적인 분 석을 담은 트렌드 보고서나 산업적 접근을 지향하지는 않을 것 이다. 그 대신 저자들의 사적인 관심을 다양한 사례와 삽화적 접 근을 통해 상호 이질적이면서도 유사한 물질문화를 관통하는 함 의로, 특히 오늘날 한국 사회를 유의미하게 읽어낼 수 있는 키워 드로 삼고자 한다.

우선 이 장에서는 최근 등산 인구의 가파른 증가와 더불어 한 국 사회의 일상에 정착한 아웃도어의 풍경과 그 속살을 살펴보 고자 한다. 2014년 경제협력개발기구OECD가 집계한 '삶의 만족도 지수'에서 한국은 34개 회원국 중 25위에 머물러, 한국 국민의 대부분은 자신이 행복하지 못하다고 여긴다는 기사가 보도되었다. 최근 한국은행이 한국 경제의 세계 순위를 집계한 결과, 2013년 명목 GDP(미국 달러화 기준)는 1조 3043억 달러로 세계 14위였다(≪서울경제신문≫, 2014.7.13). 세계 14위 수준의 경제력을 가진 국가의 국민 행복지수가 이처럼 하위권인 이유는 무엇일까? 무엇보다 객관적 지표와는 별개로 국민들이 현실에서 체감하는 구체적 삶의 질이 낮기 때문일 것이다. 이에 대한 하나의 흥미로운 분석을 소개한다. 한국의 자살률이 OECD 국가 중 1위라는 불명예스러운 사실은 언론에 여러 차례 보도되었으며, 그 주된 이유로 경제적 어려움을 꼽을 수 있다. 일상에서 행복을 느끼기에는 턱없이 부족한 한국의 사회 환경도 무시할 수 없다. 호주나 미국처럼 다수의 공원이나 곳곳의 푸른 잔디를 접할 수 있는 환경이 부족하고 인구밀도는 높다. 과열된 경쟁심리가 초등학교부터 중·고등학교, 대학교에까지 이어지며, 이에 따라 사회생활도 자유롭지 못하다. 어찌 보면 행복해지고 싶어도 그러기 어려운 환경이다. 그래서 산을 찾는 사람들이 많은 것일까(임종섭, 2011.6.8)?

등산 인구의 증가와 이에 따른 아웃도어 산업의 급성장을 국가 경제의 외형적 성장에 걸맞지 않은 삶의 질 하락과 부족한 사회문화 인프라, 신자유주의하에서 심화된 경쟁체제 탓만으로 돌릴 수는 없겠지만, 양자 간의 상관관계가 전혀 없다고 보기도 어렵다. 그러니 삼포세대를 넘어 사포세대[1]란 신조어가 생겨난 오늘날에는, 집은 못 사도 외제차를 타고 정기적으로 해외여행은 다니는 인구가 과거와 비할 수 없이 늘었다. 이에 대한 포괄적이고 정교한 분석은 아파트로 대변되는 한국 사회 부동산 경기의 변화나 급증한 비정규직 문제 등 경제적 변화, 청년 세대의 구직 문제 및 세대 담론 같은 여러 요소를 고려해야 할 것이다. 가령 불안정한 고용을 방증하는 다수의 조기 퇴직자나 문화생활에 충분한 투자를 하기 어려운 대도시의 중산층에게 산행만큼 저렴한 비용을 들이면서 만족감을 줄 수 있는 놀이나 건강관리를 위한 여가는 많지 않을 것이다(류웅재, 2014. 8.6).

더욱이 주 5일 근무제의 정착, 자동차 보급률의 증가, 활용할 수 있는 가처분 소득을 집을 구매하기보다는 여가에 사용하는 계층의 증가 등도 이러한 아웃도어 열기를 설명해주는 몇 가지 요인이라 볼 수 있다. 일례로 2004년 7월 법정 근로시간을 주 40시간으로 개정함으로써 주 5일 근무제 사회로 들어선 이후, 한

---

1) 삼포세대(三抛世代)는 연애와 결혼, 출산을 포기한 청년 세대를 지칭하는 용어이다. 2011년 ≪경향신문≫ 특별취재팀의 기획시리즈인 "복지국가를 말한다"에서 처음 사용된 신조어로 이후 각종 미디어를 통해 확산되었다. 최근에는 여기에 취업이나 인간관계까지 포기한 세대라는 의미로 사포세대 혹은 오포세대라 칭하기도 한다. 이는 현재 한국 사회가 직면한 문제를 상징적으로 보여주는 용어라 볼 수 있다.

국 사회에서도 가족과 자기계발을 위해 보낼 수 있는 여가 시간이 증가했다. 또한 1995년을 기점으로 한국 사회의 자동차 보급률이 급격히 증가해 2012년을 기준으로 가구당 자동차 보유 대수는 0.78로 나타났다(박정은, 2014: 50). 이는 경험적으로도 확인할 수 있는 사실로, 최근 맞벌이를 하는 부부가 늘어나면서 한 집에 자가용이 두 대 이상 되는 가구도 예전에 비해 기하급수적으로 증가하고 있다.

이런 변화의 한가운데서 국내 아웃도어 시장은 세계에서 두 번째 규모에 이르렀는데, 2012년에는 시장 규모가 6조 원에 육박하면서 미국의 뒤를 잇는 것으로 알려졌다. 국토의 면적과 인구를 고려할 때 한국은 명실공히 세계 최고의 아웃도어 소비국이라고 할 만하다. 이 중에서도 특히 캠핑 열풍이라고 할 만큼 캠핑에 대한 관심을 재빠르게 상품화한 캠핑용품 시장의 성장이 괄목할 만하다. 일례로 캠핑용품 시장은 2008년 700억 원 규모에서 향후 4000~6000억 원대 규모로 성장할 것으로 보이고, 현재 콜맨Coleman, 코베아Kovea, 스노우피크Snowpeak 등 캠핑용품 시장 빅3 브랜드의 시장점유율이 전체 시장의 70%에 이르는 것으로 추산된다. 이는 나아가 SUV(스포츠 유틸리티 차량), RV(레저용 차량) 등의 자동차 시장, 다양한 캠핑용 의류와 침구, 캠핑 요리를 위한 간편 식품, 캠핑 관련 전자·가전·IT 제품 등 아웃도어 산업의 외연을 빠르게 확장시키고 있다(박정은, 2014: 59~60). 이러한 트렌드는 〈정글의 법칙〉, 〈1박2일〉, 〈아빠 어디가〉 등 야외에서 진행되는 체험형 리얼리티 프로그램 혹은 캠핑형 버라이어티 프로그램 등의 미디어를 통해서 확산되기도 한다.

취향의 문화정치로서의 아웃도어

해외에 거주하며 여행 관련 일을 해온 지인에게 들은 바로는, 최근 한국인을 일본인이나 중국인과 구별하는 손쉬운 방법은 그들의 옷차림을 확인하는 것이라고 한다. 한국 여행객은 어디서나 활동적 소재와 디자인의 아웃도어 의류를 선호한다는 것이다. 고기능성 원단으로 만들어진 고가의 재킷과 신발을 유행하는 동일한 브랜드로 빼입은 여행객을, 정작 이런 복장이 필요한 험한 산지나 강가가 아니라, 동네 공원이나 완만한 둘레길 혹은 일상에서 만나는 일이 그리 어렵지 않게 되었다. 특히 부모의 등골을 휘게 만든다고 해서 '등골브레이커', 혹은 '국민교복'이나 '중고생교복'이라는 신조어까지 생기게 한 노스페이스Northface를 비롯해, 컬럼비아Columbia, 코오롱Kolon, 네파Nepa, 라푸마Lafuma, 블랙야크Black Yak, 밀레Millet, K2, 아이더Eider, 에이글Aigle, 몽벨Montbell, 도이터Deuter, 살레와Salewa 등 다양한 아웃도어 브랜드가 인기를 끌고 있다.

그런데 최근 중고교생들의 압도적인 지지를 받던 아웃도어 브랜드의 최강자 노스페이스의 아성이 흔들리고 있다고 한다. 이러한 시장 변화의 원인은 크게 두 갈래인데, 하나는 아이돌 톱 스타를 기용해 인지도를 높인 후발 업체들의 공세이고, 다른 하나는 하이엔드high-end 마케팅, 즉 구매력이 높은 상위소득 계층을 대상으로 고가의 명품 제품 판매에 주력하는 마케팅을 내세운 초고가 수입 브랜드들의 성장세가 겹친 것이다. 노스페이스는 최근 백화점 아웃도어 매출 부문 1위에서 밀려났는데, 과거에는 '노페현상'이란 신조어까지 만들어내며 인기를 끌었지만 몇 해 전 학교폭력의 상징으로 몰리는 등 역풍을 맞으면서 수요가 분산되고 있다는 분석도 나온다. 일례로 전체 아웃도어 브랜드 매출에서 노스페이스의 비중은 2009년 30.1%에서 2012년 상반기 18.2%로 떨어졌다. 이에 따라 매출 비중 순위도 바뀌었다. 최근 4년간 1위 자리를 놓치지 않았던 노스페이스는 2012년 들어 처음으로 코오롱스포츠(19.0%)에 선두를 내주었고, 그해 상반기 신장률에서는 8.6% 성장하는 데 그쳤다. 반면 경쟁 업체인 코오롱스포츠(17.1%)와 K2(14.3%) 등은 10% 이상 성장세를 유지했다(≪동아일보≫, 2012.7.11).

　이러한 산업적 변화의 이면에는 기능성 아웃도어가 아니라 일상생활에서도 착용할 수 있는 라이프스타일 아웃도어의 확산도 한몫을 하고, 기존 노스페이스를 중심으로 한 아웃도어 '오강다중五強多中' 체계가 깨지면서 최근 시장이 재편되고 있다는 점도 있다. 이는 남들이 다 입는 옷 대신 차별화된 스타일을 원하는 수요자가 늘고 있고, 또 새로운 브랜드를 원하는 움직임도 있기 때문이다. 중고교생의 소위 '노페 충성도'는 여전히 높은 편이지만, 노스페이스가 인터넷 등을 통해 '노스페이스 계급' 등으로 희화화되면서 많은 성인, 특히 중년 고객이 빠져나갔다. '중고교생 일진이 입는 옷'을 입는 데 불편함을 느낀 중장년층이 상대적으로 기능성이 강조된 몽벨, 블랙야크 등을 택하거나 아예 남들과 다른 초고가 수입 브랜드를 선택한다는 것이다. 중년층 사이의 입소문으로 빠른 성장세를 보이는 하이엔드 브랜드로는 아크테릭스arcteryx, 몬츄라montura, 마무트mammut 등이 대표적이다(≪동아일보≫, 2012.7.11). 이런 변화 탓인지 노스페이스는 이제 중학생들도 입지 않는다는 우스갯소리도 들려온다.

한국인과 한국 사회를 설명하는 잘 알려진 가설 중 하나인 획일성과 속도, 관계성과 쏠림 현상은 아웃도어 브랜드의 선호와 활용에서도 잘 드러난다. 서울을 비롯한 경기도와 주요 대도시 인근의 주말 산은 암벽타기climbing가 아닌 그냥 걸어서 산에 오르는 일hiking을 주된 목적으로 하는 등산객으로 인산인해를 이룬다. 이들 중에는 물론 전문 등산인이나 산악 동호인도 있을 테지만 대부분이 취미나 건강을 위해 산행을 즐기는 아마추어 등산객임에도, 많은 이들이 다채로운 고기능성 의류에 등산화, 대형 배낭에 장갑, 고글에 스틱, 심지어 텐트까지 갖춘 것을 볼 수 있다. 눈대중으로도 어떤 등산객의 장비를 합하면 몇 백만 원을 호가하는 것을 알 수 있다.

그래서 자연을 즐기기 위해서가 아니라 자연을 배경으로 펼쳐지는 현란한 아웃도어 패션쇼를 감상하기 위해서 주말에 산에 간다는 농담도 결코 농담처럼 들리지 않는다. 더욱 흥미로운 현상은 많은 등산객들이 모자와 재킷, 바지와 배낭 등을 하나의 브랜드로 '통일해' 착용하는 경우인데, 이 점이 산행 중 특정 브랜드를 은밀한 방식으로 간접광고를 한다거나 순수한 등산보다는 타인을 의식한 패션쇼를 한다는 느낌을 주는 데 일조하는 이유인 듯하다. 전문가들은 보통 브랜드별로 재킷과 바지, 등산화와 배낭 등이 특화되어 있고, 각 브랜드의 주력 상품이 다원화·분화되어 있어서 같은 브랜드로 '도배하듯' 맞춰 입는 것을 권하지 않는다. 여기에 아웃도어를 '순수하게' 운동이나 여가 혹은 건강관리와 관련된 실천으로만 바라볼 수 없는 이유가 있다. 다음에 골프의 예를 들어 아웃도어가 어떻게 취향의 문화정치로 기능하는지 논의한 칼럼을 참고하면 이러한 주장을 이해하기 쉬울 것이다.

나는 형제들 중에서 유일하게 골프를 치지 않는다. 내가 골프를 안 하는 이유에는 시시콜콜한 개인적인 이유로부터 조금 거창하게는 세계관의 문제가 얽혀 있고, 특히 후자의 경우에 있어 내 나름대로는 꽤 설득력 있는 논리를 가지고 있다고 믿는다. 그럼

도심의 일상이 된 주말 산행. 서울 강북의 한 산에서 바라본 전경.

에도 형제들과의 만남에서는 언제나 골프를 안 친다는 이유로 핀
잔과 놀림의 대상이 되고, 때로 이데올로기나 정치적 신념, 또는
미시적 문화정치학의 차원에서 줄곧 별나게 까칠한 인간으로,
어김없이 '왕따'가 되곤 한다.

　우선 골프 애호가들의 예찬론은 끝이 없지만 그중에서도 기
억에 남는 건, 공기도 좋은 곳에서 맑은 공기를 맘껏 즐기며 다
른 운동에 비해 몸에 큰 무리가 가지 않으며 운동량도 상당한
그렇게 좋은 운동을 왜 하지 않느냐는 것이다. 거기에 더해 재
미와 성취감의 차원에서도 테니스나 수영, 각종 구기운동이나

최근 국민운동으로 부상한 등산과 둘레길 도보 등을 포함해 다른 스포츠와는 비교할 수 없이 골프는 이러한 것들의 장점을 다 합쳐놓은 이상적인 운동이라는 상찬이 뒤따른다. 나는 이 사실을 잘 알고 그들의 선의에 대해서도 이해할 수 있다.

이에 반해 내가 내세우는 골프 안 치는 이유, 시간을 필요 이상 소비해야 한다든가, 만만치 않은 비용, 나아가 내 직업적 정체성과는 잘 어울리지 않는 이미지 탓에 해야 할 필요성을 느끼지 않는다는, 정확하게는 별로 하고 싶지 않다는 항변은 즉각적인 반론에 직면하곤 한다. 그런 구차한 변명 하지 말고 그냥 한번 필드에 나가보라는 것, 그럼 골프가 얼마나 좋은지 알게 될 것이라는 것이 그중 대표적인 것이다. 내 형제들도 배울 만큼 배운 사람들이고 일반적인 한국 사회의 통념에 비추어 볼 때 어느 정도 성공한 사람들임에도 골프에 관한 한, 또는 이와 관련된 논쟁에서는 좀처럼 이해하기 어려울 정도로 강한 어조로 이를 옹호하고, 동시에 이걸 하지 않는 나를 시대착오적으로, 또 수상하게 바라보는 것이다.

그런데 내가 골프를 하지 않는 것은 오랜 시간 신중하게 고려한 후에 내린 결론이고, 이런 이유에서 나는 아마도 평생 골프를 하지 않을 것이다. 사람의 일은 어떻게 될지 모르기에 이런 예단이나 약속을 허투루 하는 것은 위험하고 무책임한 일임에도, 나는 비교적 확신에 차 미래에 내가 골프를 하지 않을 것임을 직관적으로 알고 있다. 여기에는 골프를 대신할 수 있는 좋은 대안들, 가령 우리가 큰 부담 없이 일상적으로 즐길 수 있는 탁구, 배드민턴, 축구, 요가, 조깅, 볼링, 피트니스, 국궁, 명상, 체조, 걷기 등이 있기 때문이다. 나아가 더욱 중요한 것은 현대사회의 다원성과 자유의 문제, 여기에서 파생하거나 연결되는 개인의 정치적 신념, 문화적 취향, 자존심, 그리고 선택이라는 믿음과 실천의 문제가 아닐까.

이런 문제에서 줄곧 우리가 준거의 대상으로 삼곤 하는 미국에서도 볼링은 블루칼라, 테니스는 화이트칼라나 교육자, 골프는 비즈니스맨이나 부유층의 스포츠라는 고정관념이 존재하는 게 사실이다. 물론 이것은 구식의 고정관념이고, 실제로 미국은 물론 우리 사회에서도 골프를 치는 교육자나 사무직, 볼링을 하는 사업가를 종종 볼 수 있다. 그러나 단순히 취향의 문제라 여길 수 있는 운동과 여가 선용에 있어서도 자신의 계급(계층)적 이해관계나 직업적 정체성, 가치관, 자존감 등 운동 외적인 요소가 깊이 연관됨을 부인하긴 어렵다. 물론 이처럼 어찌 보면 구태의연한 차이의 정치에 천착함이 개인의 자유와 행복의 가능성을 불필요하게 제약하는 결과를 야기할 수도 있을 것이다.

그러나 골프에서 기대할 수 있는 장점을 다른 스포츠나 취미생활에서 유사하게 혹은 그보다 더한 정도와 양상으로 취할 수 있고 여기에 골프가 선사하지 못하는 재미와 성취감까지 누릴 수 있다면, 비록 그것이 선의일지라도 골프를 강권하는 논리는 타인의 취향에 대한 무감각을 넘어 신자유주의 시대의 강박이나 억압적 구별짓기로 작용할 것이다. 골프 권하는 분들, 까칠하게 굴어 미안하군요. 당신의 선의를 잘 알지만 골프 치지 않을 권리를 인정해주시고, 왜 그런 선택을 했는지 그 이유에 대해 타인의 입장에서 너그럽게 이해해주시길(류웅재, 2013.1.15).

고어텍스와 소나무

유명 브랜드의 아웃도어 의류와 신발 등이 대부분 일상의 산행이나 둘레길 도보에는 지나치리만치 고기능성이며, 이는 원래 전문 산악인 등 한정된 계층의 특수한 목적을 위해 필요한 것이라는 점은 역설적이다. 그중에서도 고어텍스Goretex 소재가 대표적이라 할 만하다. 고어텍스란 방수 가공된 섬유의 일종으로, 섬유를 만들 때 사용되는 나일론이나 폴리에스테르와 같은 다공성 고분자의 얇은 막을 화학적으로 결합한 소재이다. 고어텍스를 처음 고안한 사람은 미국의 화학회사인 듀폰의 연구원이었던 빌 고어Bill Gore로, 그는 2006년도에 발명가 명예의 전당에 등록되기도 했다. 고어텍스는 이 물질을 제조하는 회사의 등록상표이며,

고어텍스 이미지. © Norio. NAKAYAMA(flickr.com)

고어텍스의 방수와 땀 배출 기능의 비밀은 고어텍스에 포함된 매우 작은 구멍의 크기와 개수에 있다[2]고 한다. 따라서 고어텍스란 소재는 소나무가 많은 완만한 지형의 한국 산에는 잘 어울리지 않거나 최소한 과잉의 장비로 보인다. 그럼에도 고어텍스 소재로 만들어진 재킷과 신발은 산행을 위해 꼭 필요한 아이템으로 인식되고, 또 비싼 가격임에도 그 인기는 물론 인지도에서

---

2) "화학산책: 눈·비는 막고 땀은 배출한다 고어텍스(Gore-tex)", 네이버캐스트. http://navercast.naver.com/contents.nhn?rid=44&contents_id=7523(검색일: 2014.7.19).

도 이제 '스카치테이프'나 '스카치위스키'와 같이 아웃도어를 대표하는 일반명사가 되었다.

고어텍스의 장점으로는 크게 세 가지를 들 수 있는데, 첫 번째가 바로 방수 기능이다. 일반적으로 고어텍스는 물이 통과하지 않아 비와 눈이 올 때 몸이 젖지 않도록 보호해준다고 알려져 있다. 두 번째로 방풍 기능을 들 수 있는데, 바람이 고어텍스를 통과하지 못해 체온이 떨어지는 것을 방지할 수 있다고 한다. 마지막은 투습 기능으로 몸에서 발생하는 습기, 즉 땀을 배출시킨다. 그래서 몸이나 발에서 나는 땀을 외부로 나가도록 해서 더 쾌적한 상태를 유지시켜 주고, 또 땀으로 체온이 급격히 떨어지는 것을 막아준다고 한다. 이처럼 혹독한 자연환경에서 방수와 투습이 동시에 가능한, 바꿔 말해 땀은 배출하고 눈비는 막아줄 수 있는 의류와 신발은 분명 매력적이다.

그렇지만 고어텍스는 단점도 가지고 있다. 가령 고어텍스 재킷이 땀 배출을 잘한다고 하지만 일반 천으로 된 옷과 비교해볼 때 땀 배출 능력이 떨어진다. 또한 고어텍스의 방수, 방풍 능력이 우수하다고 하더라도 비닐로 된 비옷보다는 그 기능이 떨어지고, 땀을 배출하기 위해서는 고어텍스 재킷을 입지 않고 산행하는 것이 유리하다는 견해도 있다. 결론적으로 고어텍스 재킷은 배낭에 넣어두고 산행을 하다가 눈이나 비가 오거나 바람이 많이 불 경우에 체온을 유지하기 위해 착용하는 하나의 고기능

서울의 한 지하철역의 고어텍스 광고.

성 장비라 볼 수 있을 것[3])이다.

이 책의 제목인 '고어텍스와 소나무'는 완만한 산이 많은 한국 지형이나 둘레길 도보에 고어텍스와 같은 고기능성 장비가 어울리지 않는다는 점, 즉 과잉된 물질문화의 역설에 관해 논의하려는 의도를 지닌다. 그렇다고 해서 이러한 물질문화를 통해 신자유주의 시대의 다양한 장치에 '무기력하게' 호명된 수동적 소비자라는 단순한 도식하에 우리 시대에 만연한 소비주의를 마냥 비판하기 위함은 아니다. 오히려 소비라고 하는 자본과 일상의 조건을 담담하게 받아들이는 가운데, 소통과 연대 그리고 변화의 희망을 품고, 새로운 형태의 물질문화와 소비의 가능성을 모색하는 계기를 마련할 수도 있을 것이다. 또 우리가 의도했든 의도하지 않았든, 우리 삶의 많은 부분이 이러한 역설과 과잉, 혹은 부조화의 조화로 채워져 있고, 이는 어쩌면 피하기 어려운 인간과 삶의 조건 중 하나임을 우의적으로 보여줄 수도 있을 것이다.

소진사회와 힐링이 필요한 시대

현대사회는 소진사회이다. 우리는 도처에서 우리를 소진하게 하는 환경 아래 효과적인 제어장치나 사회적 안전망이 부재한

---

3) "고어텍스 자켓이 좋은 이유?", 네이버 지식인.

상태에 던져져 있다. 북유럽의 복지국가를 이상화해 이야기할 때 자주 인용되곤 하는 '요람에서 무덤까지'라는 말은 차치하고 라도, 우리 사회에서 직업 안정성과 관련해 쓰이던 '평생직장'이 나 '만년과장'이란 말도 이제는 사전 혹은 인터넷 검색을 통해서 나 찾아볼 수 있는 사어가 되었다.

더욱 큰 문제는 흔히 50대와 60대를 지칭하는 5060세대에서 나타난다. 이들은 현재와 같이 불안정한 고용상태와 비정규직, 청년실업 등이 일상화되기 이전, 즉 한국 경제가 고성장을 구가 하던 시절에 구직 경쟁에 뛰어들어 현재까지 직업 현장에 몸담 으며 오랜 기간 자신을 소진하다가, 조기 퇴직이나 명예퇴직을 당하거나 상대적으로 불안정한 고용환경에 놓였다. 이에 반해 20대와 30대를 일컫는 2030세대의 대다수는 '88만원 세대'라는 신조어에서 드러나듯 극도로 불안정한 비정규직이나 시간제 아 르바이트 외에 제대로 된 고용과 직업 현장을 체험해볼 기회조 차 갖지 못했다. 이러한 경제구조가 가져온 삶의 조건과 풍경에 관해 설득력 있게 진단한 최근의 논의들 중 흥미로운 칼럼 하나 를 소개한다.

…… 한국인들 특히 중산층의 정규적인 취업기간은 이제 20 년 남짓의 기간으로 줄어들었다. …… 28세에 대기업에 취직한 이들은 임원 승진에 실패하면 대략 50세가 되기 전에 직장을

떠나야 한다. 그 이후에도 최소한 십 몇 년은 더 이리저리 경제활동을 이어가야 할 처지이지만, 벌이가 그 전만 할 가능성은 그리 높지 않다. 그러니 30대와 40대는 초조할 수밖에 없다. 사회보장시스템이 불비하고 국가에 의한 소득재분배 효과가 거의 없는 한국 경제는 모두 알아서 스스로를 챙겨야 하는 '각자도생'의 나라이다······ 그 결과는 '번 아웃'이다······ 자본의 입장에서는 참으로 효율적이라 아니할 수 없다. 사람들이 서른 가까이 축적한 노동 능력을 불과 20년 만에 쪼옥 빨아들이고 내뱉어 버리면 되니까. 하지만 그 사람들 본인의 삶은 굉장히 괴롭다. 우선 그렇게 '번 아웃'되도록 몸과 마음을 던진 끝에 미션 임파서블'에 과연 성공할 이들이 몇이나 될지도 심히 의문이지만, 훨씬 근본적이고 심각한 문제가 있다. '번 아웃'되어 버린 사람은 생산 능력과 그 발전이라는 생명 자체에 내재한 힘의 원천을 영영 되찾지 못할 수 있다는 점이다(홍기빈, 2014. 7.17).

이러한 경제적·일상적 영역의 삶에서 대다수의 한국인이 부딪히고 느끼게 되는 극심한 피로감이나 불안정성, 혹은 유동성에 관해 주창윤(2013)은 이렇게 진단한다. 그는 어느 사회에서나 다양한 문화의 패턴이 존재하고 이는 정형화된 특징으로 나타난다고 주장하며, 현재 한국 사회의 문화적 특징 아래에 깔려 있는 것으로 '정서적 허기sentimental hunger'를 든다. 허기란 말 그대로 하면 배고픔이지만, 정서적 허기란 단순히 육체적 배고픔이나 욕구만을 의미하지 않고 우리 사회 구성원 대다수가 겪고 있는 심리적 갈증과 배고픔을 의미한다. 그는 탐식환자의 사례를 들어, 아무리 먹어도 해결되지 않는 식욕, 즉 자신의 무기력증이나 욕구불만으로 대변되는 마음의 문제를 든다. 우리 사회에서는 이처럼 밥을 먹어도 채워지지 않는 '정서적 허기' 혹은 욕망에 의해 더 큰 허기가 나타난다고 진단한다.

이런 상황하에서 힐링이나 치유문화가 유행한다. 힐링healing은 1990년대의 웰빙well-being을 대체하면서 어느새 산업이 되고 문화가 되었다. SBS의 인기 있는 TV 프로그램인 〈힐링캠프〉를 필두로 힐링스파, 힐링테라피, 힐링여행이 급부상하는 산업이자 익숙한 일상의 언어로 자리 잡았다. 나아가 좀 더 넓은 의미의 코칭, 상담, 심리치료 등 마음을 '터치touch'하고 힐링하는 배려경제care economy나 관련 산업도 늘어나고 있다. 이처럼 힐링의 문화코드가 유행한다는 것은 이제 산업적으로도 몸의 마케팅에서 정서의 마케팅으로 전환 및 확대됨을 보여주는 것이며, 또 자본이 어떻게 정서를 상품화하고 있는가를 보여주고 있는 것이다. 미국에서 치유산업은 자기계발 서적, 고통을 겪은 유명인사의 자서전, 심리치료 프로그램, 일반인들의 문제를 해결하는 리얼리티 토크쇼, 각종 격려집단, 온라인 데이트 등을 통해 확장되었다. 특히 치유산업은 자기계발 내러티브를 성공적으로 상품화했고, 엄청나게 수지맞는 장사이자 번창하는 산업이 되고 있다(일루즈, 2010; 김정운, 2012: 31; 주창윤, 2013: 9~10, 21).

이처럼 힐링이 하나의 문화코드이자 정서적 마케팅의 대상이 되는 이유는 아마도 '소진' 때문일 것이다. 소진은 앞의 홍기빈 칼럼에서 이야기한 것처럼 말 그대로 '타서 없어지는', 번 아웃 burn-out이다. 타서 없어지는 것은 사회와 주체 사이의 적절한 긴장 관계로서 삶의 불가피한 한 단면이지만, 문제는 역동적인 한국 사회에서 열정이 식고, 침체가 나타나며, 좌절이 오면서 소진의 징후가 발생하고 있다는 점이다. 이러한 징후와 이 과정에서 경험하게 되는 정신적 허기는 감정 혹은 정서의 상품화와 함께 번창하는 산업이 되고 있다(주창윤, 2013: 27). 근래의 아웃도어 열풍은 이러한 우리 사회의 정서적 허기를 매개로 이의 치유라는 담론이 상품화되고 산업적 이해관계와 맞아떨어지는 가운데 생성된 것이라고 보아도 좋을 듯하다. 이는 궁극적으로 다양하고 구조적인 사회적 모순을 개인에게 축소하거나 환원해 해결하려 한다는 차원에서 심미적이고 심리학적이며, 그런 면에서 마술적인 해법이다.

문화산업으로서의 아웃도어

조금 다른 관점에서 피로하고 정서적으로 허기진 한국 사회에서의 아웃도어 열풍을 프랑크푸르트학파의 비판이론적 혹은 문화산업적 관점에서 소비주의와 물신화, 표준화와 사이비 개성화, 교환가치에 의한 사용가치의 대체, 동일성과 긍정의 과잉 등의 개념을 들어 논의할 수도 있을 것이다. 가령 문화도 산업의 일부이고 우리가 자발적으로 선택해 일상적으로 즐기는 취미와 여가 역시 결국은 돈벌이의 수단으로, 거대한 체계의 구조적 힘과 경제적 논리에 의해 '부지불식간에' 결정되어, 우리가 그것을 특정한 양식으로 소비하고 즐기는 것 외의 다른 선택지는 없다는 다소 암울한 진단이 그것이다.

문화산업을 비판적으로 논할 때 자주 등장하는 프랑크푸르트학파의 '물신화fetishism' 개념 또한 우리 사회의 아웃도어 열기를 설명해주는 하나의 관점을 제공한다. 물신화는, 단순하게 말하자면 인간이 만들어낸 상품이나 화폐가 오히려 인간을 지배하고, 인간은 그러한 상품과 화폐를 신처럼 숭배하는 현상을 의미한다. 자본주의 사회가 심화될수록 인간적이고 정신적인 가치, 인간 의식의 활동이라 여겨지는 모든 것이 결국 물질적 이해관계에 봉사하는 일종의 허위의식이 되고, 이는 현실을 반영하지 못하는 가짜 의식이 된다. 그런데 이러한 물신성은 단순히 그릇

된 의식으로 끝나지 않고, 실제 우리의 현실을 지배하고 규제하는 힘을 가진다.

특히 오늘날 신자유주의는 불가항력적으로 노동의 위기를 가져오고, 이는 동시에 삶과 사회, 나아가 민주주의의 위기로 확장된다. 일례로 일자리와 노동의 조건, 주거와 교육, 의료와 노후 대책 등 구체적 삶의 질 하락에 대한 근본적 진단과 처방, 제도적 개선이 부재한 상태에서 모든 사회구조적 해법을 '개인화'하는 담론은 현대사회를 추동하는 주술이다. 특히 미디어와 대중문화를 통해 확산되는 소비, 그리고 일상적인 것에 대한 관심과 문화의 확산, 또한 이러한 사회적 맥락에서 몸 담론의 부산물인 건강과 체력의 물신화, '외모가 곧 경쟁력'이라는 언술 등은 많은 중요한 사회적 의제, 또는 모든 공적인 사회적 안전망에 관한 논의를 대체하거나, 이와 관련된 국가의 정책적 개입의 여지를 허용하지 않는다.

일례로 안정된 정주 공간으로서 살 만한 집의 부재와 2년 단위로 기하급수적으로 치솟는 전셋값, '88만원 세대'나 '삼포세대'라는 신조어로 대변되는 청년 세대의 구직난과 일자리의 질 하락, 만연한 비정규직의 문제, 이와 무관하지 않은 1인 가구의 증대, 조기 퇴직으로 나타나는 장기간의 노후 대책 부재 등에 대한 정책적·제도적·사회적 대안이 부족한 상태에서, 이를 건강과 취향, 또는 여가 담론으로 대체하는 것은 '무거운' 구조의 문제를 개인의 영역으로 끌어내려 '가볍게' 해결하려 한다는 차원에서 미봉책에 지나지 않는다. 또한 이러한 현상의 이면에는 민영화, 무한경쟁, 노동유연화, 소비주의, 물신화, 배금주의 등을 정당화하는 신자유주의의 문화논리가 은밀하면서도 유연하게 작동하고 있다.

인간의 반성 능력과 비판의식을 강조하는 프랑크푸르트학파, 그중에서도 테어도어 아도르노Theodor Adorno와 막스 호르크하이머Max Horkheimer는 대중문화가 인간을 미성숙하게 하는 동시에 문화 고유의 가치를 하락시킨다는 점에서 이의 부정적 측면을 부각시켰다. 자본주의의 이데올로기가 대중문화를 지배하고 있으며, 이런 상황에서 대중문화는 특정한 이데올로기를 정당화하고 재생산해서 기존 질서를 공고하게 하는 사회적 시멘트 역할을 한다고 주장했다. 이들은 대중문화라는 말이 대중으로부터 자발적으로 나오는 문화라는 의미로 받아들여질 수 있다는 우려에서 '문화산업culture industry'이라는 용어를 대신 사용했다. 이는 문화와 산업을 접목해 이윤을 추구하기 위한 하나의 산업으로 기능하는 측면의 문화를 강조한 것이다.

이러한 문화산업의 가치는 자본주의의 다른 생산물처럼 얼마나 인기가 있고 얼마나 더 팔렸느냐에 따라 인정받는다. 여기에서 문화와 예술의 본래적 가치는 사라지고, 이는 교환가치로 대체되는 가운데 물신화된다. 이들은 또한 후기 자본주의 사회가 도구적 이성에 의해 총체적으로 관리되는 사회라고 규정한다. 총체적으로 관리되는 사회는 필연적으로 전체주의적 사회 질서를 강화하는 방향으로 나아가게 되고, 이런 의미에서 아도르노와 호르크하이머는 후기 자본주의 사회를 잠재적으로 전체주의적이라고 보았다. 문화산업과 그 조종에 의해 창출되는 수요는 일종의 순환 고리와 같이 맞물려 작동하고, 한 사회의 이데올로기와 경제적 강자의 지배력을 공고하게 한다.

그러므로 오늘날 우리가 일상의 언어로 사용하는 문화산업은, 사실 프랑크푸르트학파의 주도적 영향하에 현대 대중문화의 획일화와 하향평준화를 비판적으로 해석하는 의미로 사용되고 있다고 보아도 좋을 것이다. 20세기에 들어서 문화 생산이 자본주의적 방식에 의해 기계화·산업화되어 버렸다는 비판은, 곧 문화산업의 차원에서 대중문화를 비판하는 관점으로 발전한다. 즉, 기계적인 대량생산을 반복함으로써 산업화로 이어지는 대중문화는, 문화가 일상용품으로 거래되어 형식과 자질 면에서 시장성과 유행의 지배를 받을 수밖에 없는 것으로 전락하게 된다.

여기에서 문화가 경제논리에 지배되어 자율성을 잃고 본연의 비판적 정신 혹은 부정성을 상실한 기업 형태의 오락산업으로 전락하게 된다는 것이다. 그 결과 예술이 주는 진정한 의미에서의 순수한 즐거움은 시장논리에 의해 차단당하고, 결국 문화는 오락에 용해되어 문화 본연의 자세를 박탈당하게 된다는 것이다

(김교봉, 2006: 30~31). 이러한 프랑크푸르트학파의 문화산업에 대한 비판적 입장을 이해하기 위해 호르크하이머와 아도르노의 『계몽의 변증법』(2001) 가운데 일부를 인용해보자.

문화 상품의 속성은 제작물을 제대로 파악하기 위해 민첩성과 관찰력과 상당한 사전지식을 요구하지만 관객으로 하여금 — 재빨리 스쳐지나가는 사실들을 놓치지 않기 위해 — 적극적으로 사유하는 것을 불가능하게 만든다는 데 있다. 그때그때 신경을 곤두세우지 않더라도 관람객의 긴장은 어느 정도 유지되지만, 상상을 위한 공간은 남겨져 있지 않다. …… 산업사회의 폭력은 사람들의 마음속에서 언제나 작용한다.
문화산업의 생산물은 여가 시간에조차 소비가 활발히 이루어지기를 노린다. 개개의 문화 생산물은 모든 사람들을 일하는 시간과 마찬가지로 휴식시간에도 잡아 놓는 거대한 경제 메커니즘의 일환이다…… 문화산업은 하자 없는 규격품을 만들듯이, 인간을 재생산하려 든다. 프로듀서로부터 여성단체에 이르는 모든 문화산업의 대리인은 이러한 정신의 단순한 재생산 과정에 어떠한 뉘앙스나 사족이 끼어드는 것에 신경을 곤두세운다(아도르노·호르크하이머, 2001: 192~193).

문화산업이란 이렇게 현대 자본주의 사회에서 시장논리에 의해 이윤 추구를 목적으로 하는 영리산업이다. 대량생산되는 문화상품은 문화의 자율성이나 자영성 혹은 독창성을 제약하고, 인간으로 하여금 충동을 극대화해 끊임없이 무언가를 욕구하고 소비하게 만들며, 자유롭고 비판적으로 사고하는 힘을 약화시킨다. 이를 통해 기존의 질서와 체제에 순응하는 인간형을 양산한다는 점에서 인간과 주체, 그리고 이성을 도구화 혹은 식민화한다고 본다. 카를 마르크스Karl Marx의 문화와 물질의 유기적 관계라는 문제의식에, 막스 베버Max Weber와 지그문트 프로이트Sigmund Freud의 이론을 가미해 발전시킨 프랑크푸르트학파의 이러한 대중문화와 문화산업에 대한 비판적 시각은 오늘날 자본주의 사회의 물신화, 비개인화, 정서의 규격화, 느낌의 허구화 등의 문제를 적절하게 진단하고 있다고 평가받는다(류웅재, 2009: 42~44).

프랑크푸르트학파의 문제의식은 오늘날 서바이벌 포맷이나 음식과 관련된 '먹방'·'쿡방' 등 리얼리티 쇼나 오디션 프로그램, 미드나 역사드라마 등 방송을 비롯한 미디어의 개별적 텍스트 읽기는 물론, 한류와 다문화사회, 글로벌 시대의 로컬 문화 등 문화와 연관된 거시적 사회 현상을 적절하게 이해하기 위한 틀로서 유용하게 활용될 수 있을 것이다. 이러한 맥락에서 문화산업론은 현재 한국 사회의 여가와 아웃도어 열기를 문화산업이란 관점에서 성찰적으로 읽고 이해할 수 있는 적절한 틀로 유효하다. 한 예로 문화산업의 산물, 즉 대량생산된 상품이 나타내는 특징으로 아도르노가 제기한 표준화와 사이비 개성화를 들 수 있는데, 이 개념들로 다양한 미디어 텍스트나 대중문화 콘텐츠를 정교하게 분석할 수 있을 뿐 아니라 한국 사회의 아웃도어 현상도 설명할 수 있을 것이다.

이런 맥락에서 아웃도어는 대량생산 체제의 산물로서 유행에 민감하고 선택할 수 있는 브랜드의 종류는 많지만, 그 기능과 질, 심지어 스타일마저 유사하며, 몸과 여가 그리고 자연에 관한 정형화된 생각을 생산한다는 점을 들 수 있다. 우리는 현명하고 능동적인 소비자로서 특정 제품을 '선택적으로' 소비하고 이를 통해 우리의 개성을 드러내지만, 우리가 선택할 수 있는 브랜드의 수와 양뿐 아니라 소재와 기능, 스타일마저도 이미 유행을 비롯한 여러 가지 사회경제적 요인에 의해 결정되어 있는 것이라 보아도 좋다.

음악에 대한 문화산업론적 분석은 아웃도어 현상을 설명할 때에도 놀라우리만치 설득력 있고 유용한 시각을 제공한다. 가령 아도르노는 「음악의 물신성과 듣기의 퇴행에 관하여」(1938)라는 글에서, 소비자는 값비싼 음악회의 표를 구매하면서 실제로 음악회에서 연주되는 음악 그 자체를 좋아하기보다는, 음악의 입장권을 사기 위해 자신이 지불했던 돈을 숭배한다. 그렇기 때문에 교환가치 자체로부터 대중이 느끼는 쾌감은 입장료의 가격이 비싸면 비쌀수록 증가한다. 말하자면 음악회의 청중은 입장권의 가격이 비쌀수록 그 음악이 더욱 고상하고 가치 있는 것이라 여기며, 그것을 향유할 수 있는 처지가 되는 자신에 대한 자부심과 만족감 또한 더욱 배가된다. 그러나 이러한 만족감은 예술 그 자체의 향유를 통한 것이라기보다는 음악회 입장권의 가격, 즉 그것의 교환가치가 주는 가상으로부터 나오는 것(신혜경, 2009: 99)이다.

아웃도어 의류가 유행하는 현상도 마찬가지의 특징을 보여준다. 유사한 소재와 기능을 가진 수많은 브랜드의 제품 가격이 천차만별인 점, 노스페이스나 최근 겨울용 패딩으로 인기를 끈 몽클레어와 캐나다구스 등 특정 브랜드의 유사한 스타일과 소재로 만들어진 제품에 대한 소비자의 집중된 선호는 아웃도어가 담고 있는 본래적 의미, 즉 권태로운 일상으로부터 일탈하거나 어디에도 구속받지 않는 가운데 자유와 마음의 여유를 가지려는 욕망을 퇴색시킨다. 나아가 이용자를 상품의 물신성과 교환가치로부터 자유롭지 못하게 만든다. 호르크하이머와 아도르노, 그리고 마르쿠제와 같은 비판이론가들이 적절하게 지적했듯이, 우리의 사회와 일상은 점진적으로 관료화·합리화·상품화되어왔다. 이들은 문화산업이 우리의 비판적인 의식을 해체시키고 기분전환과 마취의 핵심 수단을 제공한다고 주장한다. 과거 생산을 둘러싸고 조직되었던 자본주의는 이제 소비, 미디어, 정보, 기술을 둘러싸고 조직되는 새로운 형태로 변환되었으며, 새로운 형태의 지배와 추상화가 출현한다(Best and Kellner, 1997). 이제 문화산업으로서의 아웃도어 현상이 소비자를 어떤 방식으로 호명하는가에 대해서 조금 다른 시각에서 살펴보기로 하자.

스펙터클의 세계와 물질문화

필자가 몇 해 전 짧지 않은 유학 생활 후 귀국해 우리 사회에서 체험한 몇 가지 일 중 소비와 관련된 일화를 하나 소개하고자 한다. 굳이 문화충격culture shock이란 인류학적 개념어를 빌리지 않아도, 10년이란 시간의 경과 후에 돌아온 고국에서 접한 일상의 풍경은 생경한 것이었고 이에 익숙해지는 데 또다시 오랜 시간이 필요했다. 그런 풍경들 중 하나가 과거와는 비할 수 없는 수준으로 한국의 도로에 외제차들이 넘쳐난다는 사실이었다. 독일 빅4 브랜드로 알려진 메르세데스 벤츠Mercedez Benz, BMW, 아우디Audi, 폭스바겐Volkswagen은 물론 재규어Jaguar나 볼보Volvo 등 잘 알려진 유럽의 고급 브랜드, 이전에는 쉽게 보기 어려웠던 포드Ford, 링컨Lincoln, 지프Jeep, 캐딜락Cadillac 등 미국 브랜드와 렉서스Lexus, 토요타Toyota, 혼다Honda, 니산Nissan 등 일본 브랜드, 그 외에도 푸조Peugeot나 시트로앵Citroen 등 미국에서도 좀처럼 보기 힘든 프랑스 차들도 이제 한국의 거리에서 어렵지 않게 찾아볼 수 있게 되었다.

여기에는 과거에 비해 완화된 외제차 수입 규제와 자유무역 협정FTA에서 비롯된 수입차의 가격 경쟁력 강화, 그리고 국산차들의 오랜 독점에 대한 소비자들의 피로감4)과 과시욕구 등 다양한 경제적·사회문화적 요인이 영향을 미쳤다. 동시에 이러한 변화는 한국 사회가 지난 20여 년간 외형적으로는 '글로벌 스탠더드global standard'라는 구호에 부합하는 방향으로 국제화되었고, 소비자의 선택권과 사회문화적 다양성 역시 세계적 수준으로 증대되었다는 느낌을 갖게 해주었다.

주지하다시피 해외에서 삼성과 현대, 기아 등 한국 자동차 브랜드의 인지도 역시 지난 20여 년 사이 급속하게 높아졌다. 이는 '10년 10만 마일 품질보증warranty'으로 상징되듯이, 독일이나 일본 회사와 비교해 차별화된 사후 관리 서비스에, 기존의 저렴한 가격을 유지하면서도 괄목할 만한 기술력 향상을 보인 점 등이 복합적으로 상승작용을 일으킨 덕분이다. 미국의 고속도로 안전

---

4) 한 예로 현대의 주력 SUV 차종인 싼타페가 연비 과장 논란을 빚어 현대자동차는 이에 대한 보상에 나서기로 결정했다. 현대자동차는 고객 안내문을 통해 자기인증제도에 따라 싼타페 2.0 디젤 2WD AT모델의 제원표상 연비를 기존 14.4km/L에서 13.8km/L로 변경하고, 1인당 최대 40만 원을 보상한다고 밝혔다. 해당 차종은 산업부의 연비 조사에서는 적합 판정을 받았으나, 국토부가 처음 실시한 연비 자기인증 적합조사에서는 쌍용차의 코란도와 함께 부적합 판정을 받았다(≪매일경제≫, 2014.8.13).

보험협회IIHS나 컨슈머 리포트Consumer Report 등 자동차 관련 전문 기관에서 내린 평가에서 한국차는 호의적 평가를 받았으며, 현대자동차의 일부 신제품은 포드나 GM 등 미국 브랜드는 물론 일본의 일부 브랜드보다도 더 좋은 평가를 받는 경우가 최근 들어 늘어나고 있다(《헤럴드경제》, 2014.7.18).

그럼에도 국내 소비자들은 해외, 특히 그 브랜드들의 자국인 미국 내에서의 평가가 상대적으로 낮은 포드나 크라이슬러 등을 국산차보다 더 비싼 가격에 구입하기도 한다. 몇 해 전부터는 미국이나 유럽, 호주 등의 자동차 선진국에서 예전과는 달리 현대와 기아 등 한국 자동차 브랜드에 대한 평가와 신인도가 상승했고, 이것이 실제로 높은 판매율로 이어지며 해당 국가의 브랜드는 물론이고 세계적인 베스트셀러인 토요타나 혼다 등 일본차들과 어깨를 나란히 하게 되었다. 그런데도 한국에서는 벤츠와 BMW, 아우디 등 비싼 유럽차가 인기이고, 이런 상황에서 BMW 520d나 렉서스 ES300 등의 모델은 '강남 소나타'란 별명을 얻을 정도로 흔하게 되었다. 이처럼 자동차는 이동수단으로서의 사용가치 외에도 자동차의 소유주나 운전자를 표상해주는 교환가치나 상징적 재화로서의 효용을 지녀서, 가령 국산차와 구별되는 희소하고 차별화된 이미지를 통해 일종의 구별짓기의 미디어로 기능하기도 한다.

이미 20년도 훨씬 더 지난 1980년대 후반 수입 자유화가 시행되기 이전, 길거리에서 간혹 마주치던 캐딜락이나 벤츠 같은 고가의 외제차를 두고 저마다 자신의 국제적 안목과 취향을 과시하듯 한마디씩 거들던 일상의 풍경이 떠오른다. 이를테면 저런 고급차는 차체가 안정되고 주행 성능도 좋아 도로 사정에 상관없이 언제나 차 안에서 뜨거운 커피를 쏟지 않고 마실 수 있다거나, 험로나 경사진 높은 언덕도 전혀 힘들이지 않고 쾌속으로 주행할 수 있다는 식의 이야기 말이다. 이제 국산차의 품질 역시 과거와 비할 수 없이 향상되어 차 안에서 뜨거운 커피를 안전하게 마실 수 있을 뿐 아니라, 책을 읽거나 TV를 시청하기에도 불편함이 없고, 컴퓨터로 업무까지 볼 수 있게 되어 격세지감을 느끼게 해준다. 그럼에도 많은 사람은 국산차와 기능이나 안전성, 또는 퍼포먼스performance의 차원에서 별 차이가 없거나, 오히려 각종 편의사양이나 주행 성능에서 뒤떨어지는 외제차를 더 비싼 가격에 사길 주저하지 않는다. 이는 자동차가 이동수단으로서 물리적인 기능을 수행하는 것을 넘어, 차의 소유주에 대해 말하고 타인과 소통하기 위한 그 무엇임을 여실히 보여준다.

잘 알려져 있듯이 현대사회의 스펙터클spectacle 문화는 레저, 소비, 서비스와 오락, 광고와 상업화된 미디어문화를 통해 자신의 마취제를 확장시킨다. 스펙터클 사회로의 구조적인 변환은 이전에는 비식민화되어 있던 사회생활 부문들의 상품화 혹은 의례화를 포함해 여가, 휴식, 레저, 놀이, 욕망, 일상생활 등 은밀하고 사적인 영역에 대한 관료적 통제를 확장시킨다. 앞서 프랑크 푸르트학파의 비판이론가들이 "총체적으로 관리되는(또는 행정 화된) 사회" 또는 "일차원적 사회"라고 표현했던 것, 그리고 앙리 르페브르Henry Lefebvre가 "통제된 소비의 관료화된 사회"라고 표현 했던 것이 기 드보르에 의해 다른 방식으로 반복된다.

이처럼 스펙터클은 자본의 이윤을 확장할 뿐 아니라 자본주 의의 정당화 위기를 넘어서게 한다. 특히 노동계급은 문화적 산 물과 사회 서비스, 임금 인상 등으로 주의가 산만해지고 불만이 누그러진다. 소비자본주의에서 노동계급은 쇼핑몰을 찾기 위해 노동조합의 공회당을 포기하고, 결코 만족될 수 없는 욕망에 불 을 지피는 체계를 찬미한다. 존재가 소유로, 소유가 다시 외양으 로 환원되고, 물질적인 대상이 기호적 재현에 자리를 내주고 이 로부터 자신의 즉각적인 신성함과 궁극적인 기능을 확보한다 (Best and Kellner, 1997).

이렇게 시뮬레이션된 것들과 미디어 판타지의 세계가 일상생 활보다 더 현실적인 것이 되며, 초현실적인 비디오와 컴퓨터게 임이 학교, 직장, 정치보다 매혹적으로 다가온다. 자본주의 경제 에서 돈은 상품의 생산보다는 상품의 광고와 포장에, 스펙터클 한 쇼핑센터와 하이테크 오락장, 포스트모던 건축물에 더 많이 쓰인다. 환경은 광고와 스펙터클로 채워지고, 모든 거리와 공간 이 이들을 위해 정비된다. 장마리 뱅상Jean-Marie Vincent은 "스펙터

끊임없이 소비자를 유혹하는 현대사회의 스펙터클. 홍콩의 한 번화가.

클의 사회에서 장황한 커뮤니케이션은 거짓 대화이고 죽은 의미의 교환일 뿐"이라고 주장하기까지 한다. 사회에서 모든 삶의 필요조건인 시간과 공간은 언제나 자본에 의해 독점되어 있다. 여기에서 시간은 상품화된 거짓 주기의 시간, 즉 개인의 어떠한 자유로운 활용이나 일상에 대한 성찰도 용인되지 않는 압류된 시간이다. 공간은 분리된 영역으로 토막 나고 차별화된다. 스펙터클 사회는 끊임없이 구분과 격리를 생산하고 재생산하는 것이다. 그래서 우리는 스펙터클 사회가 술수나 시뮬라시옹5), 환상만을 생산한다고 생각해서는 안 된다(이영주, 2011: 240~ 242).

이처럼 스펙터클의 사회는 현대사회의 일상과 시공간을 재구성함과 동시에 인간의 심성과 관계 또한 재구성한다. 이러한 현대사회의 인간과 일상(성)의 재구축은 기계와 정보, 기술문명의 발전과 궤를 같이하는데, 이렇게 표준화되고 대량생산된 문화는 실용적 요구에 쉽게 굴복당하고, 미디어가 주도하는 문화기술은

---

5) 시뮬라시옹은 프랑스의 철학자인 장 보드리야르(Jean Baudrillard)의 「시뮬라크르와 시뮬라시옹(Simulacres et Simulation)」(1981)에 등장하는 개념이다. 시뮬라크르는 실제로 존재하지 않지만 존재하는 것과 유사하거나, 때에 따라 실재보다 더 실재처럼 인식되는 것을 의미하며, 시뮬라시옹은 이 시뮬라크르가 작동하는 과정, 즉 실재가 극실재, 혹은 과잉실재(hyper-reality)로 전환되는 과정과 결과물을 의미한다. 이는 현대사회의 정보 과잉과 미디어의 증식에 의한 측면이 강하다. 이러한 보드리야르의 해석은 원본과 모사, 혹은 현실과 가상현실의 경계와 구분이 모호해진 현대사회의 특징을 흥미로운 시각으로 설득력 있게 설파한다.

거대한 대중문화산업으로 집중되고 몰개성화되며 기계화된다. 일례로 라디오, 영화, 텔레비전의 발달 및 그 영향의 사례로, 1930년대에 미국인은 매주 1억 5000만 시간을 영화에 소비했으며, 라디오를 듣는 데는 거의 10억 시간을 소비했다. 1946년에는 미국 가구 가운데 0.02%가 텔레비전을 소유했으나 2000년에는 이 수치가 98%로 증가했다. 또한 새로운 미디어는 그 내용만이 아니라, 거기에 덧붙여진 광고를 통해 수용자의 마음에 갈망을 심는다. 미국에서 1830년대에 아마추어적인 방식으로 시작된 광고가 1900년에는 1년에 5억 달러 규모의 사업이 되었다(보통, 2005: 78~79). 이러한 환경 속에서 이제 인간은 자신의 주체적 생각과 상상력에 관심을 가지기보다 미디어와 기술 등에 의해 획일화된 스펙터클의 사회와 이 속에서 대량생산된 문화와 정보에 의존하게 된다.

이러한 맥락에서 몇 개월 단위로 출시되는 새로운 기종의 스마트폰과 각종 전자기기처럼, 우리 사회의 아웃도어 현상 역시 현대사회의 스펙터클로서, 혹은 의미와 관계를 매개하는 미디어로서 바라볼 수 있을 것이다. 여기서의 미디어란 매스미디어, 즉 신문과 방송 등의 대중매체만을 지칭하는 것이 아니라, 우리 자신의 정체성을 확인하고 끊임없이 표현하며, 이를 통해 타자와의 물리적·정서적 연결고리가 되거나 사회 속에서 관계를 형성하고 유지하는 모든 매개체라 볼 수 있을 것이다. 그렇다면 우리

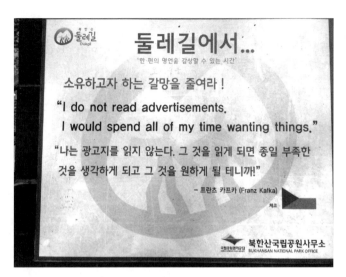

북한산 둘레길에 세워져 있는 카프카의 금언.

는 왜 타자와의 직접적 관계와 대화, 진정성 있는authentic 혹은 매
개되지 않은 '순수한' 관계에 몰두하지 못하고 이처럼 다원화되
고 세분화되며 확장된 형태의 미디어에 의존하는가? 현대사회
의 일상성은 필연적으로 이러한 도구와 장치의 도움 없이는 성
립하거나 작동하기 어려운 것인가? 물론 인간은 일상적으로 무
한 반복되는 생산 활동에만 전념할 수는 없다. 인간은 때로는 무
미건조하고 지루한 일상으로부터의 탈주도 필요하고, 생산 활동
을 하는 만큼의 소비, 나아가 일탈과 같은 놀이와 유희를 필요로
하는 호모 루덴스적 존재이다.

"미디어가 곧 메시지the medium is the message"라는 주장으로 유명한 매클루언은 미디어와 우리의 몸을 연결시키면서 미디어를 우리 몸의 확장된 형태로 본다. 매클루언은 새로운 시대, 새로운 미디어의 등장이 기존의 감각 균형에 영향을 주고, 이는 다시 인간의 의식을 변화시킨다고 주장한다. 특히 텔레비전과 컴퓨터 등 현대 전자 미디어의 등장과 확장으로 인간의 감각은 최대한으로 확장되고 있고, 이러한 전자 미디어는 인간의 감각 가운데 가장 민감한 촉각에 의존해 이를 편향적으로 발달시킨다는 점을 강조한다. 즉 모든 미디어, 나아가 테크놀로지가 점차 완전히 새로운 인간을 창조한다는 것을 이해한다면 환경은 결코 수동적인 외피가 아니라 일련의 능동적인 과정임을 알 수 있다.

전통적으로 모든 미디어는 단순히 내용을 담아 수용자에게 유포하는 중립적인 용기容器로 생각되었다. 하지만 매클루언은 이러한 생각이 순진하다고 보았다. 우리의 의식은 겉으로 드러난 내용에 몰두하지만, 무의식은 미디어의 잠재의식적 효과에 공격받기 쉬운 상태로 남아 있다는 것이다. 매클루언의 비유를 들자면, 미디어의 내용은 미디어라는 강도가 정신을 지키는 개의 주의를 딴 데로 돌리기 위해 사용한 맛있는 고깃덩어리이다. 바꿔 말해, 우리의 감각 중추는 무의식적으로 미디어에 의해 형성되어 우리가 지각의 대상을 선택하거나 현실을 경험하는 필터가 되고 있다(매클루언, 1997; 럼, 2008: 293).

물론 이러한 관점은 과도한 기술결정론적·구조주의적 시각이라고 비판받을 만한 여지가 있지만, 매클루언의 논의가 인간의 의식과 무의식 혹은 욕망의 구조를 미디어나 미디어적 속성을 지니고 미디어의 역할을 수행하는 물질과 분리해 설명할 수 없다는 중요한 가르침을 우리에게 준다는 점은 비교적 자명하다. 그러므로 빛의 속도로 빠르게 변화하는 미디어, 테크놀로지, 기술, 환경, 문화의 변화가 우리로 하여금 새로우면서도 유동하는 욕망의 구조를 갖게 할 것임을 유추하는 일 또한 그리 어렵지 않다.

현대사회의 불안과 소비

우리가 어떤 대상에 집착하는 데는 그만한 이유가 있을 것이다. 사소한 일에 목숨을 걸거나 일종의 속물근성으로 볼 수 있는 이러한 집착은, 한편으로는 우리의 팍팍한 삶을 그럭저럭 견디게 해주는 힘이 된다. 공격성과 나르시시즘, 사랑이란 외피를 뒤집어쓴 질투와 소유욕, 성취욕과 물욕은 적절한 균형 감각을 갖추기만 한다면 오히려 우리의 삶을 다채롭게 하고 지속하게 해주는 윤활유로 작용할 것이다. 그런데 모든 문제의 근원은 우리가 이러한 통제력이나 중용의 미덕을 상실하는 상황이고, 이런 일은 일상적으로 우리의 의지와는 반대로 상당히 빈번하게 일어나곤 한다. 그렇다면 대상에 대한 우리의 과도한 집착과 소유욕,

속물근성의 원인 혹은 근인은 무엇인가?

이에 대한 다양한 해석이 가능할 테지만 결국은 우리가 가진 두려움, 즉 불안이 그 기저에 있지 않을까? 불안은 현대사회의 발달과도 무관하지 않다. 이에 관한 알렉시 드 토크빌Alexis de Tocqueville의 분석은 주목할 만한데, 그는 귀족사회의 구성원들이 느끼는 빈곤 개념과 민주사회에서 구성원들이 느끼는 빈곤 개념이 서로 다르다고 본다. 가령 귀족사회에서 하인은 선뜻 자신의 운명을 받아들이는 경우가 많은 반면, 민주사회에서는 언론과 여론이 하인들도 사회의 정상에 올라설 수 있다고, 그들 역시 산업가나 판사나 과학자나 대통령이 될 수 있다고 부추긴다. 이렇게 무제한의 기회가 있는 것처럼 느껴지면 처음에는 특히 젊은 하인들 사이에 명랑한 분위기가 조성될 수도 있다. 실제로 그들 가운데 재능이 뛰어나거나 운이 좋은 사람들은 목표를 이룰 수도 있을 것이다. 그러나 시간이 지나면서 다수는 신분 상승에 실패한다. 토크빌은 그들의 분위기가 어두워지는 것을 보았다. 그들은 울화 때문에 생기를 잃고, 자신과 주인에 대한 증오심을 키워갔다. 즉, 불평등이 사회의 일반 법칙일 때는 아무리 불평등한 측면이라도 사람들의 눈길을 끌지 못하지만, 모든 것이 대체로 평등해지면 약간의 차이라도 눈에 띄고 만다. 그래서 풍요롭게 살아가는 민주사회의 구성원이 종종 묘한 우울증에 시달리고, 평온하고 느긋한 환경에서도 삶에 대한 혐오에 사로잡히는 것이다(보통, 2005: 67~69).

데이비드 흄David Hume이 적절하게 진단했듯, 타인과의 비교와 질투심에 기인하는 두려움과 불안은 우리와 타자와의 커다란 차이와 불균형이 아니라 오히려 근접상태에서 발생한다. 불균형이 심하면 관계가 형성되지 않으며, 그 결과 우리에게서 먼 것과 우리 자신을 비교하지 않게 되거나 그런 비교의 결과로부터 영향을 받지 않게 된다. 우리가 동등하다고 여겨 우리 자신과 비교하는 사람이 많아질수록 질투할 사람도 많아진다(보통, 2005: 59). 그런데 이런 두려움과 불안을 손쉽게 해결하는 방법 중 하나가 소비이다. 이는 큰 노력을 들이지 않고도 상대적으로 단기간에, 또 적은 비용으로 질투의 대상으로 삼는 타인을 극복하거나 그들과 유사해지는 효과적인 방법이 될 수 있다. 소비를 통해 구성원들 간 커다란 차이와 불균형을 해소하고 평등의 문화를 추체험追體驗할 수 있게 해주는 것, 이것이 바로 현대 소비사회의 특징 중 하나가 아닐까?

더욱이 지난 30여 년 사이 공고해진 신자유주의적 질서와 사회 운용의 원리, 사유의 결은 경영학의 대스승으로 불리는 피터 드러커Peter Drucker가 "더 이상의 사회적 구제는 없다"라고 한 말의 함의처럼, 모든 문제의 근원과 그에 대한 책임이 사회가 아닌 바로 개인에게 있음을 일깨운다. 다시 말해, 그 이유야 어떻든 질병은 개인적인 것이고 그 치료 역시 개인의 몫인 것과 유사하게, 구원이나 파멸 또한 자유로운 주체인 개인이 자신의 삶에서 자유롭게 행동해온 결과로서, 개인만의 관심사라는 것이다(바우만, 2009: 104). 또한 최근 힐링과 유사한 자기계발 열풍에서 주장하는 바에 따르면, 어떤 충고와 조언을 들었든지 간에 그것을 실천하는 것은 그 사람 혼자만의 몫이다. 즉, 개인은 충고를 알맞게 실천해야 할 전적인 책임을 져야 하며, 설령 좋지 않은 결과가 나오더라도 이는 오직 자신의 잘못과 태만 때문이므로 남을 탓해서는 안 된다는 것이다. 그러나 우리는 직관적으로 알고 있다. 우리가 경험하고, 우리에게 다가오는 모든 일은 '예외 없이' 우리 밖의 그 어떤 힘과 연결되어 있다. 그것을 경제라 하든 정치라 하든 문화라 하든, 우리에게 일어나는 모든 일은 언제나 우리 밖의 구조적인 힘에 영향을 받거나 우리가 선택하지 않은 사회적 맥락에 깊이 뿌리박혀 있다. 이처럼 많은 개인적 슬픔과 고통의 원인이 사회적인 것인 데 반해, 이에 대한 감당과 치유는 거의 언제나 개인의 몫으로 돌아오고, 그 해법 또한 온전히 개인의 영역으로 치환되곤 한다.

이처럼 모든 사회적인 것의 개인화라는 맥락에서 아웃도어는 신자유주의의 통치성이 구현되는 곳, 더 정확하게는 환경과 생태, 여가와 문화 등 새롭게 부상하는 시대적 담론의 자장 내에서 대중이 이를 '자연스럽게' 수용한다는 차원에서 현대사회의 이데올로기이자 주술의 매체이다. 또한 대중이 이를 '자발적'이고 '능동적'으로 소비한다는 점에서 오늘날의 새로운 신화이며, 소비주의를 확장할 뿐 아니라 자연화naturalization하는 전령 중 하나다. 다만 기존의 교환가치와 사용가치의 이분법적 공식으로 만족스럽게 설명하기 어려운 이러한 물질문화를, '지금 이곳'을 살아가는 우리를 매개하는 일종의 언어나 표현의 도구, 즉 미디어로 바라볼 수 있을 것이다. 이러한 맥락에서 이제 아웃도어는 이 시대의 노동과 여가, 소통과 불통, 차이와 구별짓기, 관계와 단절, 놀이와 자기계발, 허기와 치유를 포함한 모든 것이 조금씩 과잉으로 드러난 공간임을 함축적으로 보여준다. 나아가 이는 바우만이 적절하게 진단한 것처럼 현대사회의 액체성이 상징적으로 드러나는 지점이기도 한다.

아웃도어 제품은, 아파트나 자동차는 물론, 고급 시계나 보석, 명품 가방 등과 비교해 훨씬 쉽게 자주 구매할 수 있고, 특정한 유행이나 시장상황에 따라 언제든 '쿨하게' 기존에 선호하던 브랜드나 자신의 취향을 바꿀 수도 있다. 물론 아웃도어 소비에도 나름의 명품군이 형성되어 기능성 재킷 하나에도 100만 원을 호가하는 제품이 있지만, 다른 명품에 비해 소비자의 선택 폭이 훨씬 넓고 언제든 다른 브랜드로 바꾸기도 쉬운 상품임이 분명하다. 특히 신자유주의의 통치술이 일종의 이데올로기로 확장되는 가운데, 일련의 제도적 구제나 해법, 사회적 안전망 대신, 기댈곳 없이 팍팍한 세상에서 '믿을 건 오로지 내 몸'이라는 개인화된

삶의 전망, 또는 '인생 뭐 있어, 즐겁게 살면 그만이지'라는 세속
화한 삶의 태도를 이처럼 '능동적이고 정상적으로' 실천하게 해
주는 근사한 소비의 대상이 또 있을까? 오늘날 건강에 대한 대중
의 열망은 일종의 자기계발 산업으로, 또한 앞에서 언급했듯 '외
모가 곧 경쟁력'이라는 현대사회의 신화로, 우리의 몸과 관련된
사회적 담론과 함께 피트니스, 성형, 건강, 힐링, 테라피 등으로
연관 산업의 지형을 넓혀가고 있다. 다음은 이처럼 신자유주의
가 야기하는 구조적 문제가 오늘날 개별 주체는 물론, 사회 또는
이 시대 문화의 형성에 기여하는 양상을 사회문화적으로 진단한
필자의 칼럼이다.

최근 과거에 비해 부쩍 전 지구적으로 신자유주의의 위세가
예전 같지 않고, 이것이 사회를 운용하는 경제제도로서 그 유
통 기한을 다했다는 말들이 여기저기에서 들려온다. 이는 오
랜 시간 축적돼온 신자유주의의 모순이 2008년 미국의 서브프
라임 모기지 사태를 거쳐 2011년 뉴욕 월가 점령 시위로, 그리
스·스페인·영국·이탈리아 등 유럽 주요 국가들에서 전례 없는
규모의 연쇄 시위로 확산된 데에서도 볼 수 있다. 또한 근래 논
문과 책 등 다양한 학문적 담론으로 생산되고 있기도 하다. 이
런 탓에 한국 언론의 담론의 자장 내에서도 표면적이나마 이제
신자유주의가 그 소임을 다하고 머지않아 역사의 이면으로 사

라지게 될 것이라는 예단이 나오고 있다. 보수와 진보의 구분 없이 유사한 논조로 탐욕스러운 자본주의적 삶의 방식을 성찰적으로 사유하고 새로운 대안과 조망이 필요하다는 목소리를 내기도 한다. 이처럼 도처에서 제기되는 신자유주의 비판에 대한 피로감이나 저항 또한 접할 수 있다. 모든 걸 신자유주의 탓으로 돌리거나 "이게 다 자본주의 탓"이라 말하는 것은 결국은 아무 말도 하지 않은 것이나 마찬가지라는 논리가 그중 하나다. 바꿔 말해 이는 현실의 무수한 결과 층위를 가진 미시적 권력관계와 이로 인한 크고 작은 모순들을 섬세하게 바라보지 못하고, 이를 신자유주의란 애꿎은 허수아비를 세워 손쉽게 해결하려 한다는 주장이다.

이러한 이야기들이 생성되고 유포되는 지점과 이유를 이해하고 보면 그중 어떤 주장은 꽤 설득력을 지녔다. 그러나 동시에 이 중 상당수는 의심의 눈길을 거두기 어려운 기호와 언술, 미디어를 통한 상징 조작에 의존하고 있다. 가령 빌 게이츠가 주창한 창조적 자본주의나 스티브 잡스의 인문학적 경영, 지속가능한 성장, 그리고 요즘 한국 사회를 풍미하고 있는 창조경제 담론 등이 그들 중 일부다. 이러한 담론정치의 배면에서 기민하게 작동하는 자본의 유연한 축적의 논리, 또는 자본주의의 마술적 자기복원 능력을 확인하는 일 또한 그리 어렵지 않다. 그런데 이러한 이야기들의 허망함은 대개 '무거운' 구조의 문제들을 개인의 태도 또는 심리상태의 변화로 '가볍게' 돌파하고 개선할 것을 요구하는 데 있다.

오늘날 신자유주의가 야기하는 온갖 종류의 병리적 징후, 가령 좌절과 우울, 불안과 피로, 채워지지 않는 정서적 허기 등은 온전히 개인의 몫이고, 그렇기 때문에 다양한 분야의 진화한 테크놀로지와 과학적 도움으로 손쉽게 해결될 수 있는 것으로 재구성된다. 가령 자기계발과 힐링, 여가와 소비, 생명을 담보로 하는 각종 보험과 의료산업, 공교육을 대체한 엄청난 사교육 시장 등 우리 사회가 당면한 무수한 문제들은 불가피한 삶의 한 단면이자, 전문가의 손길을 거쳐 개선될 수 있는 것들로 프레이밍된다. 그러나 구체적으로 실재하는 현실의 모순은 개인의 다짐이나 치열한 노력 혹은 '자기계발'로 쉽게 해소될 수 없다. 이런 면에서 오늘날 한국 사회를 휩쓸고 있는 자기계발 열풍은 일종의 사회현상일 뿐 아니라 신자유주의가 개인을 주체화하는 신자유주의 체제의 일부이며 세련된 통치술이기도 하다. 과거 국가와 제도의 직접적 통치를 대신해 등장한 신자유주의 아래 통치술의 변화, 또는 자기계발 열풍은 미셸 푸코Michel Foucault의 표현을 빌리면 일종의 자기테크놀로지technologies of the self이다. 그러므로 신자유주의를 단순히 외형적 제도나 경제운용의 원리, 좁은 의미의 이데올로기로 간주하는 것은 신자유주의에 대한 올바른 이해와 멀며, 이것이 야기하는 문제를 용기 있게 직면하고 그 해법을 모색하는 데에서도 멀다. 이는 주체를 형성하는 광범위한 담론 구성체이자 세련된 전략이며, 신자유주의적 패러다임과 삶의 양식, 그러한 주체를 내면화하게 하는 통치술이자 일종의 시대정신인 이유에서이다(류웅재, 2013. 8.10).

다만 이처럼 출구가 보이지 않는 비관적 상황에서도, 우리는 소비의 창의적이며 문화정치적인 속성, 다양한 정체성과 몸의 정치, 그리고 관계들을 매개하고 재구성하는 능동적 실천과 전유의 가능성에 대해 사유할 수 있다. 일례로 실험적이며 유쾌한 놀이, 또는 이와 연관된 인간의 충동과 감각, 공감과 연대, 소통과 실천을 극대화해 일상의 삶과 현실, 제도와 관행을 개선하려는 시도는 유의미할 뿐 아니라, 실제적 차원에서도 긍정적 전망을 준다고 볼 수 있다. 이처럼 일상과 문화에서의 소비를 매개로 한 다양한 상상력과 실천은 신자유주의에 대한 공적·제도적 해법이 해소하거나 치유하기 어려운 강하고 딱딱한 것들에 대한 균열과 변화의 계기로 일정한 의미를 지닐 수 있다. 다음 장에서는 이러한 가능성의 탐색을 포함해 이 장에서 논의한 이론들을 토대로, 아웃도어 현상을 비롯한 몇 가지 연관된 물질문화의 사례를 들어 이러한 현실의 빛과 그림자에 관해 더 구체적이고 생동감 있게, 그 미디어적 속성에 초점을 맞추어 이야기하겠다.

참고문헌

김교봉. 2006. 『다중사회의 문화산업론』. 서울: 박이정.

김정운. 2012. 『남자의 물건』. 파주: 21세기북스.

럼, 케이시 맨 콩(Casey Man Kong Lum). 2008. 『미디어 생태학 사상』. 이동후 옮김. 서울: 한나래.

류웅재. 2009. 「문화란 무엇인가」. 조용철, 강승묵, 류웅재 지음. 『문화저널리즘』. 파주: 다지리.

＿＿. 2015. 「물질문화로서 아웃도어에 관한 연구: 아날로그적 물질문화에 관한 소고」. ≪한국방송학보≫, 29권, 4호.

매클루언, 마셜(Marshall McLuhan). 1997. 『미디어의 이해』. 박정규 옮김. 서울: 커뮤니케이션북스.

바우만, 지그문트(Zygmund Bauman). 2009. 『액체근대』. 이일수 옮김. 서울: 도서출판 강.

박정은. 2014. 「여가문화에 대한 미디어 담론분석: '캠핑'을 중심으로」. 한양대학교 석사학위논문.

보통, 알랭 드(Alain de Botton). 2005. 『불안』. 정영목 옮김. 파주: 이레.

신혜경. 2009. 『벤야민 & 아도르노: 대중문화의 기만 혹은 해방』. 파주: 김영사.

아도르노(Theodor Adorno)·호르크하이머(Max Horkheimer). 2001. 『계몽의 변증법: 철학적 단상』. 김유동 옮김. 서울: 문학과지성사.

이영주. 2011. 「거대 문화산업시대의 작은 문화콘텐츠 만들기를 위한 문화정책」. 류웅재·강승묵·이영주 지음. 『작은 문화콘텐츠 만들기』. 파주: 한울.

일루즈, 에바(Eva Illouz). 2010. 『감정자본주의』. 김정아 옮김. 파주: 돌베개.

주창윤. 2013. 『허기사회: 한국인은 지금 어떤 마음이 고픈가』. 파주: 글항아리.

Best, S. and Kellner, D. 1997. *The Postmodern Turn*. London: Routledge Press.

≪동아일보≫. 2012.7.11. "'중고딩 일진 옷 못 입겠다' 노스페이스 흔들".

류웅재. 2013.1.15. "내가 골프를 안 치는 이유". ≪경향신문≫.

____. 2013.8.10. "자기계발 열풍과 신자유주의". ≪경향신문≫.

____. 2014.8.6. "아웃도어 열풍과 삶의 질". ≪경향신문≫.

≪매일경제≫. 2014.8.13. "싼타페 보상 결정…… 보상 금액은 어느 정도?"

≪서울경제신문≫. 2014.7.13. "한국경제 복합불황 덫에 걸리나: 인구·자원부족
한계?…… 한국 GDP 순위 5년째 제자리".

임종섭. 2011.6.8. "옴부즈맨 칼럼: 행복한 뉴스?". ≪서울신문≫.

≪헤럴드경제≫. 2014.7.18. "신형 쏘나타, 美서 최고 안전성 인정받아…… '형님'
제네시스 이어 현대차 올 두 번째".

홍기빈. 2014.7.17. "경제와 세상: '번 아웃'을 피하라". ≪경향신문≫.

제 2 장

물질문화를 통해 본 한국인, 그리고 한국 사회

류웅재

미디어로서의 아웃도어

"여가를 즐겨라." 2014년 여름 방한한 프란치스코 교황이 조언한 행복한 삶을 살기 위한 열 가지 방법 가운데 하나이다. 국내적으로도 여가에 대한 사회적 관심은 최근 들어 빠르게 증가했다. 등산과 캠핑, 자전거 타기 등 아웃도어의 인기, 그리고 주5일제 근무의 정착과 더불어 우리 사회에 불기 시작한 라이프스타일의 변화는 최근 급증한 해외여행을 비롯해 한국 사회 여가와 일상의 정경을 바꾸어놓았다. 또한 창조경제를 중심으로 문화산업과 관광을 둘러싼 정부의 정책 담론 역시 이러한 변화를 반영한다. 그중에서도 우리 사회의 아웃도어 열풍은 이러한 변화의 중심에 있다. 이는 일차적으로 위에 언급한 라이프스타일과 일상의 변화에 기인하지만, 신자유주의 시대의 소비문화란 맥락에서도 설명될 수 있다. 특히 등산을 즐기는 인구의 폭발적 증가는 이러한 변화를 압축적으로 설명해준다. 이제 고어텍스를 비롯해 다양한 고기능성 소재로 된 등산복이나 등산화, 배낭과 모자, 스틱과 고글 등으로 전문 산악인을 방불케 하는 차림을 한 등산객들을 대도시 근교의 산 어디에서나 볼 수 있게 되었다.

이러한 현상의 이면에는 앞 장에서 설명한 바와 같이 크고 작은 산이 편재한 한국의 지리적 특성과 최근 지자체마다 경쟁하

북악산에서 내려다본 서울 시내 전경.

듯 만든 둘레길 등이 한몫했지만, 조금 다른 시각에서 우리 사회
여가활동의 수단이 그만큼 빈곤하다는 방증으로도 볼 수 있다.
주말은 물론 주 중에도 산을 찾는 사람들이 급속하게 늘고 있다
는 점은, 등산이 단순한 여가와 취미, 또는 건강관리의 수단이라
는 차원을 넘어 오늘날 조기 퇴직이나 실업, 비정규직의 문제와
같은 전 지구적 경제위기하에 살고 있는 우리 사회의 쓸쓸한 단

면을 보여준다. 또한 오늘을 살아가는 많은 한국인에게 일상의 긴장과 불안, 피로와 허기 등 무언가를 배출하고 해소할 공간과 활동이 절실함을 보여준다.

등산에서 불기 시작한 아웃도어 산업의 열풍은 최근 캠핑과 피트니스, 골프와 자전거, 그 어느 때보다 자유로워진 해외여행의 증가와 명품 소비 등으로 확산되고 있다. 글램핑glamping[1]이란 신조어와 여행사를 매개하지 않는 젊은 세대의 해외여행이 이러한 추세를 보여준다. 물론 이는 여가와 취향의 다원화나 디지털 시대에 아날로그적 감수성의 복원이란 차원에서 새롭고 긍정적 전망을 제시하는 일면도 있다. 동시에 이러한 현상은 신자유주의의 심화와 더불어 점증하는 개인화나 '차이의 정치' 또는 '취향의 문화정치'와도 무관하지 않을 듯하다. 이런 점에서 아웃도어 산업의 팽창을 비난하기만은 어렵다. 다만 우리의 여가와 취향에 대한 선호 역시 사회경제적 문맥에서 자유롭지 못한 것만은 분명하다(류웅재, 2014.8.6).

앞선 장에서 살펴본 것처럼 아웃도어는 위로를 필요로 하는 현대의 피로사회 혹은 소진사회의 문화산업으로, 속도가 아닌 깊이를, 나아가 건강하고 진정성 있는 삶을 추구하는 대중의 욕망을 적절하게 충족시키는 일종의 매력적인 힐링 산업으로 이해

---

1) '화려하다(glamorous)'와 '캠핑(camping)'의 합성어로, 비용이 많이 드는 고급스러운 캠핑 혹은 야영을 뜻하는 신조어이다.

할 수 있다. 또한 예측 불가능한 미래의 막연한 희망에 현재를 저당 잡혀 위태롭고 불안한 삶을 살기보다, '지금 여기'의 삶을 알차고 견실하게 가꾸는 가운데 새로운 삶의 전망을 투사해나간다는 점에서 실존과 사회에 대한 관심, 정체성의 정치, 긍정적 의미에서의 소비문화가 제시하는 시대적 변화를 보여주기도 한다.

이런 맥락에서 최근 증가한 지자체에서 정비한 둘레길이나 올레길은 산을 좋아해도 산을 오르고 내려가는 일이 버거운 보통 사람들에게 건강관리와 운동, 취미활동과 사교의 훌륭한 장소가 된다. 이는 다른 운동처럼 격렬하지 않고, 비싼 장비를 필요로 하지 않으며, 또 고산준봉을 오르는 등산처럼 어렵거나 위험하지도 않다. 신자유주의가 강제하는 구조적이며 장기화된 불황의 시대에 몸과 마음이 지친 중산층을 '힐링'해주는 이만한 여가나 휴식의 대안이 되는 활동이 또 있을까?

동시에 전술한 것처럼 아웃도어나 여가, 이와 연관된 일체의 물질문화를 차이와 취향의 문화정치이자, 사람과 사람을 매개하는 관계의 미디어란 관점에서 이해할 수도 있다. 이러한 새로운 형태의 미디어는 매클루언 등이 설득력 있게 논구한 '우리 몸의 확장된 형태'로서 다양한 물리적·도구적 기능을 수행할 뿐 아니라, 자신이 누구인지 정체성을 보여준다. 따라서 타자와 '관계 맺는' 커뮤니케이션의 매체로서 의류와 명품 가방, 자동차와 주택, 자전거와 시계, 정장과 구두 등은 현대사회의 중요한 미디어로 기능한다.

이러한 문맥에서 아웃도어 열풍은 의류와 신발을 포함해 캠핑과 숙박, 관광 등 직접적으로 연관된 산업은 물론, SUV와 RV 등 새로운 형태의 자동차 소비를 촉진하기도 하고, 도시 근교에서의 텃밭 가꾸기나 귀농 등에 대한 관심과 구체적 실천으로 연결되기도 한다. 이처럼 아웃도어는 단순히 아웃도어 상품의 소비에 머무는 것이 아니라 현대사회의 라이프스타일을 비롯한 총체적 삶의 양식whole way of life, 더 나은 삶과 공동체, 아직까지 경험해 보지 못한 새로운 형태의 세계에 대한 우리 사유의 지평을 확장하고 상상력의 우물을 파는 데 일조하기도 한다.

놀이로서의 소비와 창조적 가능성

그렇다면 이처럼 미증유의 삶과 도래하지 않은 공동체나 사회를 꿈꾸는 사유와 상상력은 어떻게 가능할까? 산업사회를 거쳐 후기 산업사회 및 정보사회가 도래하며 대도시에서의 삶이 현대사회 삶의 규범과 기준으로 자리 잡았다. 그런데 도시의 인구밀도가 높아지고 개인의 익명화가 진행될수록 법과 규범의 사각지대가 늘어날 뿐 아니라 타인에 대한 관심과 배려, 유대감이나 소속감, 도덕심 등도 함께 약해진다. 이러한 '군중 속의 고독'이 가득한 사회에서, 어떻게 잘 알지 못하는 사람에 대한 관심과 배려를 보이며, 타인의 곤경에 대한 감수성을 확장하고, 또 이러한 사회문화적 기풍을 배양할 수 있을까? 이에 대해 아래의 칼럼은 하나의 상상적·실천적 대안을 제시해준다고 여겨 그 일부를 소개한다.

　…… 전혀 알지 못하는 사람에 대한 배려, 타인의 곤경에 대한 감수성이 있어야 한다. 그 기풍을 어떻게 배양할 수 있을까? 도덕심이나 윤리적인 의무감에 호소해야 하는 것은 아닌 듯하다. 나를 넘어서 더 보편적인 이로움을 도모하려는 의지는 유희적인 즐거움에서도 우러나올 수 있다. 최근 선풍을 일으킨 루게릭병 환자 돕기 아이스버킷 챌린지가 한 가지 사례다. 그 대열에 사람들을 참여시키고 대중적인 관심을 유발한 동기는 재미다. 재미의 본질 가운데 하나가 성취감이다. 자신의 행위가 특정한 상황에 영향을 주고 현실의 변화로 이어지는 것을 확인하면서 우리는 살아 있음을 느끼게 된다. 아이스버킷 챌린지의 참가자들은 얼음물을 뒤집어씀으로써 불치병 환자들에게 도움을 주는 한편 자기효능감을 자각한다. 재미의 또 한 가지 본질은 유대감이다. 타인들과 의미 있게 연결되고 더 커다란 세계의 일부가 될 때 인간은 충만함을 느낀다. …… 소박한 놀이 감각으로 선의善意를 발휘하도록 북돋는 일에 다양하고 발랄한 상상력이 모아지길 기대한다(김찬호, 2014. 9.6).

위의 글에서 유희적 즐거움과 놀이의 사례로 든 아이스버킷 챌린지는 애초 미국 뉴저지의 크리스 크리스티Chris Christie 주지사가 페이스북 CEO인 마크 주커버그Mark Elliot Zuckerberg를 다음 주자로 지목하면서 급속도로 퍼졌다고 한다. 이후 빌 게이츠를 포함해 제프 베조스Jeff Bezos(아마존 CEO), 래리 페이지Larry Page(구글 CEO), 팀 쿡Tim Cook(애플 CEO) 등으로 이어지면서 조지 워커 부시 George W. Bush 미국 전 대통령도 이 운동에 동참하기에 이르렀고, 전 세계로 급속히 퍼지면서 지금까지 300만 명 이상이 참여해 1억 달러가 넘는 기부금이 모였다(박상도, 2014. 9.4).

물론 아이스버킷 챌린지가 이 이벤트의 초기에 대거 참가한 미국 IT 업계 CEO들과 관련 산업, 그리고 연예인들의 홍보 수단이나 즐거운 단발성 이벤트로 그친 것은 아닌가라는 우려도 존재한다. 가령 이 운동의 본질인 루게릭병 환자들을 지속적으로 돕는 역할에 충실하지 못하다거나, 이벤트에 쓰인 얼음과 물을 절실하게 필요로 하는 곳, 가령 아프리카처럼 기아와 가뭄에 시달리는 지역의 고통에 무감각하다는 이유로 정치적 올바름의 차원에서 문제가 되는 것은 아니냐는 비판이 있기도 하다. 그럼에도 이처럼 유쾌한 놀이의 충동을 활용해 일상의 삶과 현실, 제도와 관행을 개선하려는 시도는 유의미할 뿐 아니라, 실천적이며 실제적 차원에서 긍정적 전망을 준다고 볼 수 있다.

또한 디지털 시대에 아날로그적 물질문화의 사례로 최근 화제가 되고 있는 LP음반을 들 수 있다. 디지털 기술로 사라진 음악에 대한 추억이, 턴테이블 위를 빙글빙글 돌아가는 검은 레코드판이 바늘을 만나 아날로그적 감성과 음색을 선사해 주던 LP음반에 대한 관심으로 이어지고 있다. 깨끗함과 명료함을 추구하는 디지털 시대의 흐름 속에서 구시대의 유물로 잊힌 LP를 대체했던 CD조차도 역사 속으로 사라지는 매체가 되는 요즘 전 세계적인 LP 열풍이 다시 불고 있는 것이다. 국내 음악계도 조금씩 LP의 힘이 커지고 있는 추세이고, 미국을 비롯한 해외에서도 이런 트렌드가 보인다. 즉, 소유하지 않고 소비하는 음악이 대세인 21세기에, LP가 음반 소유의 한 형태로 자리 잡고 있다.

주목할 만한 점은 LP 구매에 젊은 층이 적극 나서고 있다는 것인데, 음반을 '소비'하는 것이 아니라 '소유'하고 싶어 하는 음악 마니아들을 중심으로 LP에 대한 호응이 높다고 한다. 이는 스마트폰을 통해서 음악을 듣고 지워버리는 행위가 일반화된 시대에, '불편한' LP가 음악의 존재 가치를 돋보이게 해주는 매체로 다시 주목받음을 보여주는 현상이다. LP가 단순한 추억의 대상을 넘어 일상에서 음악을 소장하는 또 하나의 방식으로 자리 잡고 있는 것이다. LP의 귀환은 비단 한국만의 현상이 아니다. 세계 음악계의 중심인 미국의 경우에도 2014년에만 LP음반이 800만 장 가까이 팔렸다고 한다. 이는 전년 동기에 비해 49% 증가한 수치로 미국의 LP 판매량은 2007년 100만 장을 기록한 후 2009

년 250만 장, 2012년 450만 장으로 늘어나는 등 무서운 속도로 상승하고 있다. 스트리밍이 음악 소비의 대세가 되면서 CD마저 외면 받는 가운데, 판매가 늘고 있는 음악 매체는 인터넷 라디오와 LP뿐이다(≪세계일보≫, 2014.12.18). 물론 이러한 변화의 이면에는 일종의 '복고 마케팅'이 기민하게 작동하며, 일부 레전드 급 가수들의 복원 앨범, 또는 인디밴드의 앨범을 중심으로만 LP 제작과 발매가 집중된다는 쏠림 현상의 문제도 제기된다.

이러한 사례는 현대사회에 깊이 뿌리내린 소비하는 주체들과 그들이 만들어나가는 사회를 이해하는 데 필수불가결한 요소로 자리한 물질문화를 새롭고 창의적으로 이해하는 틀을 제공해 준다. 그러므로 이제 소비문화를 노동자와 사회를 유연하게 관리하는 자본주의의 통치성과 동일시하거나, 일종의 음모론으로 간주하는 시각은 설득력을 획득하거나 지속시키기에 어려워 보인다. 또한 '소비'와 이를 매개로 생성되는 '물질문화'를 무분별하고 비인간적인 '소비주의' 문화와 등치로 보는 시각도 자본주의가 야기한 근본적인 문제에 대한 진단이나 해법과는 동떨어져 있을 것이다. 이제 '자본주의는 무조건 나쁜 것'이라는 일회적인 냉소와 회의, 그리고 손쉬운 망각과 관성 대신, 일상에서 '어떤 소비'인가를 따져 묻고, 이를 우리의 삶에서 창발적이며 지속적으로 추구하기 위한 토대로서 다양한 이야기와 연대, 재기발랄한 문화적 실천과 공동의 노력, 그리고 이 모두를 위한 새로운 길과 방향, 상상력이 필요할 때가 아닐까 생각한다.

앞에서 논의한 것처럼 문화산업으로서 아웃도어 열풍을 비롯한 물질문화의 위험성과 한계, 이것이 이윤을 추구하는 거대 문화산업에 의해 기획되고 확대 재생산되는 자명한 사실과 속성을 인정해야 한다. 나아가 이의 부정적 성격, 가령 취향의 하향평준화와 획일화는 물론 신자유주의의 자기통치적 속성, '취향의 정치'나 '차이의 정치'의 탈정치적 성격을 명확하게 인지하고 경계해야 한다. 이는 바우만이 현대사회에서 모더니즘이 몰락하면서 차이 그 자체와 그것의 축적만이 남았다고 한 진단을 떠올리게 한다. 바우만은 차이가 전혀 부족하지 않고 오히려 우리 세계의 쇠퇴하는 모든 지역의 거리 모퉁이마다 새로운 경계가 나타나는 것처럼 보인다(바우만, 2013: 129)고 말한다. 즉, 차이와 개성을 중시하는 포스트모더니즘이나 다문화주의적 입장과 사고 역시, 그 선의와 무관하게 참된 다양성을 실천하거나 보장하는 것이 아니라 진정한 대화를 가로막는 분열의 수단으로 기능할 수 있다. 또한 소비자에게 최대한의 충격을 주고 오래지 않아 진부해지고 마는 매력 있는 상품을 만들어내는 소비주의 문화는 자본(가)의 이윤을 극대화하기 위한 최고의 환경이다.

동시에 위에 말한 '어떤 소비', 나아가 '어떤 세계'를 축조해나갈 것인가에 대한 지속적인 물음과 실험, 대화와 연대, 사유와 공동의 노력을 통해 단일하고 억압적이며 획일화된 글로벌라이제이션globalization이 아닌, 다양하고 창의적이며 개성이 살아 있는 로컬local 문화, 그리고 이를 위한 선택과 구체적 실천을 꿈꿀 수 있을 것이다. 소비는 개인의 선호나 취향과는 무관한 방식으로, 또 도덕적 가치판단에 앞서 현대사회의 일상과 주체들의 삶 속에 깊숙이 뿌리내린 생활양식이자 인간의 존재 조건이다. 우리가 '숨을 쉬고 물을 마시며 밥을 먹듯' 이제 소비는 우리의 삶에서 피할 수 없을 뿐 아니라 우리를 살리고, 우리가 누구인지를 규정하며, 타인과 관계를 맺게 하는, 즉 공기와 물, 음식만큼이나 소중한 매개체이다.

그러므로 이를 둘러싼 국가의 산업 정책이나 제도를 정비하는 것 못지않게, 일상의 재기발랄한 문화적 실천은 또 다른 세계를 향한 첫걸음이 될 수 있을 것이다. 가령 그동안 소유의 개념이 강했던 집과 차, 정장에서 셰어하우스(공동 주거)나 카셰어링(자동차 공유), 정장 공유 등의 형태로 공동 소유가 늘고 있다. 일명 '공유경제'의 급부상과 확산은 단순한 마케팅이나 트렌드를 넘어, 거부할 수 없는 세계적 추세로 자리 잡아가고 있다. 공유하는 품목 또한 값비싼 악기부터 아이 옷, 집밥, 책은 물론이고 공공시설 유휴 공간, 옥상, 주차장, 주거공간, 도시민박, 도시텃밭 등의 공간 공유까지 다양하다. 국내와 전 세계 공유경제는 확산 추세로, 매년 80% 이상 성장하는 '메가트렌드' 시장이다. 현재 북미(60%)와 유럽(35%)이 주로 그 시장을 이끌고 있지만, 한국

역시 품앗이 전통과 세계 최고 수준의 모바일 네트워크와 스마트폰 보급률로 공유경제가 성공할 가능성이 세계 어느 나라보다 높은 곳이다(≪매일경제≫, 2014.8.12; ≪한겨레≫, 2014.12.31; 류웅재, 2015.1.19).

이제 다양한 물질문화의 긍정성과 창의성, 상상력과 유희를 새롭게 사유해야 한다. 나아가 공유와 연결, 소통과 관계의 미디어란 견지에서 이러한 물질문화를 일상에서 창의적이며 적극적으로 활용하는 새로운 삶의 방식을 모색할 때이다. 이를 통해 무분별한 소유와 낭비가 일상화되고 우리의 욕망 또한 반비례해 증폭되던 자본주의하의 '소비의 역설'에 우리 주의를 환기할 수 있을 것이다. 또한 창의적 물질문화와 이타적 소비를 우리의 새로운 인식과 실천의 매개로 삼아 재미와 나눔, 공감과 연대의 창발적 일상성과 그러한 문화의 확산에 기여할 수 있을 것이다. 이는 우리가 정치적 구호나 당위론에서 접하던 타인과 소외된 이웃에 대한 배려, 공동체와 사회에 대한 관심을 실질적으로 넓히는 가운데, 아직 도래하지 않은 새로운 삶의 방식과 공동체, 그리고 사회를 사유하고 경험할 수 있는 실천적 대안이 될 수 있다.

명품의 문화정치학과 아날로그적 감성의 귀환

앞에서 예로 든 아이스버킷 챌린지처럼 유희와 놀이의 충동을 활용해 삶과 현실, 제도와 관행을 개선하려는 시도는 우리의 일상, 특히나 역설적이지만 소비의 영역에서 찾아볼 수 있다. 신자유주의가 부과하는 과도한 경쟁과 성과주의, 이와 연관되는 감정노동[2]과 피로사회의 전면화·일상화는 불가피하게 미시적 영역에서 차이와 구별의 문화정치를 수반하기도 한다. 그중 소비는 손쉽고도 가시적으로 이러한 문화정치를 효과적으로 드러낼 수 있는 유용한 매개체이다. 나아가 그 결과의 긍정적이거나 부정적인 영향을 떠나 개인적·집단적 정체성의 확인과 변화, 이 과정에서의 다채로운 저항과 교섭, 창조와 파괴의 문화정치가 지속적으로 발현되는 공간이다. 이에 관한 흥미로운 칼럼 하나를 소개한다.

2012년 여름 뜬금없는 아메리카노 논쟁이 있었다. 지금은 정계 은퇴를 선언한 유시민 통합진보당 전 공동대표가 회의석상에 커피를 들고 들어오자 이에 대해 '부르주아적 취향' 논쟁이 불거진 것이다. …… 도대체 커피에 무슨 이미지가 있어서

---

2) 2012년 현재 한국에서 감정노동을 수행하는 근로자 수는 약 740만 명 정도이고, 이는 임금 근로자 전체의 41.8%를 차지한다. 감정노동은 정신적 스트레스를 유발하고, 직무소진이나 이직에 영향을 줄 수 있으며, 사회심리적인 건강에도 영향을 미칠 수 있다. 또한 감정노동자는 일반인에 비해 우울증이나 자살 충동이 두세 배 이상 많은 상황에 처해 있다고 한다(김종진, 2014).

'부르주아적 취향' 운운한 것일까. …… 화이트칼라의 성공 신화를 꿈꾸는 이들에게 경제신문과 스타벅스 컵을 든 뉴요커들의 모습은 미래를 담보하는 이미지인 것이다. 영화 〈악마는 프라다를 입는다〉에서 메릴 스트립이 아침마다 스타벅스 커피를 주문하는 것도 종이컵에 선명히 새겨진 여신의 이미지를 마시는 것이지, 커피를 마시는 것은 아니었다.

그런데 요즘 젊은이들 좀 이상하다. 일부러 골목 구석에 자리한 이름 없는 커피숍을 찾는가 하면 용도폐기 직전의 필름카메라를 만지작거린다. 엉클 샘이 복음처럼 전한 미국화America nization를 외면한 채 자신만의 문화를 소비한다. …… 이들은 세계가 새롭게 눈을 뜬 문화의 다원화를 몸소 체험하고 있다. 획일화를 거부한다는 말도 진부한 표현일 만큼 현재의 청년은 새롭다. 문화를 가치로 생각한다면 청년에게 주목해야 할 이유다. 이들에게 프라다는 악마나 입는 것일지도 모른다(권오성, 2013.6.12).

위 칼럼은 명품 소비와 이것이 담고 있는 사회문화적 함의를 흥미롭게 보여준다. 즉, 소비는 상품과 이것이 지닌 사용가치의 소비를 통해 우리의 생물학적 혹은 경제적 욕구를 충족시키는 것 외에, 심리적 만족이나 개성의 표현, 타인과의 관계와 사회생활의 다양한 필요를 충족시키는 중요한 역할을 한다는 것이다.

베블런이 말한 과시적 소비conspicuous consumption는 이러한 욕망을 경제학적으로 잘 설명해준다. 일례로 국내에서 판매되는 아웃도어 제품이 브랜드별로 가격 차이가 상당히 많이 난다는 사실은 이미 많이 알려졌다. 그러나 여기에 그치지 않고 동일 브랜드의 제품 간에도 소재는 물론 디자인이나 유통경로별로 가격 차이가 극심한 것 또한 주지의 사실이다.

가령 국내 5대 브랜드의 일부 제품을 조사한 결과, 백화점 판매가와 인터넷 쇼핑몰의 가격 차이가 평균 16.9%로 나타났고, 특히 블랙야크의 경우 백화점 가격과 인터넷 쇼핑몰 가격이 평균 27.4%나 차이가 났다고 한다. 공정거래위원회에서 발표한 백화점 평균 수수료율이 28.5%임을 감안하면, 제조사는 유통 수수료율이 가장 높은 유통업체인 백화점 판매를 기준으로 수수료를 반영해 제품 가격을 책정하고 있는 것으로 보인다. 결국 유통업체의 높은 유통마진이 가격에도 영향을 미쳐 소비자가격이 높아진 것이다(≪디지털타임스≫, 2014.7.4).

우리는 커피나 가방, 신발과 의류는 물론 자동차나 집을 구매할 때에도 그 상품의 기능과 쓰임새 외에, 어쩌면 그보다 더 중요하게 이들이 지닌 상징적 재화로서의 교환가치, 혹은 이미지를 소비한다. 이를 통해 타자와 관계하고 비로소 특정 집단과 공동체의 일원으로 거듭난다. 물론 앞의 칼럼이 언급한 것처럼 최근 잘 알려진 명품이나 인기 있는 브랜드가 아니라, 오래된 필름

카메라나 만년필, 아날로그시계나 핸드메이드 가죽 제품, 또는 수공예 제품과 같이 유행이 지난 물건들, 작고 허름한 동네 커피숍이나 빵집을 찾는 사람들도 함께 늘고 있다. 이처럼 취향과 차이의 문화정치는 단순히 부정적 의미에서의 '구별짓기'뿐 아니라, 일상과 사회를 창의적으로 사유하고 실험적으로 재구성해 나가는 단초가 될 수도 있다. 이에 관해 김규항의 분석은 날카롭고 신선한 시각을 제시해준다.

고등학생들은 왜 그리 노페에 집착하고 또 안달했을까? 이런저런 사회문화적 분석을 할 수 있겠지만, 결국 옷에 관한 '취향'이 없기 때문이다. …… 노페 점퍼를 두 벌 가진 아이가 못 가진 아이를 무시할 순 있지만 옷에 대한 나름의 취향을 가진 아이에겐 별 도리가 없다. 신자유주의에서 삶이란 곧 생활양식이 파괴된 삶이다. …… 신자유주의는 정치적 민주주의라는 외피를 쓰고 있기에 그 자체로는 내 삶을 말단까지 장악하기 어렵다. 내가 나름의 생활양식을 가지려 하지 않음으로써 말단까지 장악되는 것이다. 우리는 민주주의라는 외피를 역이용하여 나만의 생활양식을 만들어갈 수 있다. 아이에게 제 삶과 관련한 취향들을 일찌감치 하나씩 길러주고 돈, 집, 직업, 교육 등 삶의 모든 부문에서 차근차근 나만의 생활양식을 만들어가는 일, 누구도 감히 내 삶의 가치를 함부로 평가하거나 재단할 수 없는 영혼의 성곽을 쌓아가는 일은 일상에서 수행하는 신자유주의와의 전투다. 물론 일상의 전투만으로 신자유주의가 극복되진 않을 것이다. 그러나 일상에서 전투가 없다면 사회적 차원, 좀 더 거대한 차원에서 전투도 없다. 신자유주의는 경제체제이자 종교이기 때문이다(김규항, 2014.9.23).

주지하다시피 명품 소비는 상품이 사용자에게 선사하는 만족감이나 효용 등 사용가치에 비해 가격 혹은 교환가치가 과도하게 책정된다는 점에서, 누구나 이러한 물건을 소비할 수는 없다는 자명한 문제를 지닌다. 또 김규항의 지적처럼 일상에서의 미시적 전투만으로 신자유주의가 극복되기는 어렵다는 데 동의하는 일 역시 어렵지 않다. 동시에 그가 글의 말미에 암시하듯 우리를 구성하는 물질문화 혹은 소비를 통한 창의적인 실천과 정체성의 정치, 혹은 생활양식을 구성해나가는 매개체로서 현실에 작은 균열을 내고 큰 변화를 도모할 수 있는 가능성, 이를 통해 삶과 일상을 창의적으로 생성해나가는 주체의 노력 모두가 헛되거나 공허하지는 않을 것이다.

명품과 이를 둘러싼 우리 사회의 강박과 집단적 무의식에 대한 '낯설게 하기'나 창조적 해체, 새로운 사유와 대안적 전망 또한 물질문화와 소비를 매개로 한 우리의 일상과 삶에서의 소소한 실천을 통해 비로소 가능할 것이다. 이러한 아날로그적 삶의 기쁨에 관해 김훈은 그의 책『밥벌이의 지겨움』(2007)에서 이렇게 묘사한다. "한 평생 연필로만 글을 쓰다 보니, 잡지사 편집자들로부터 눈총을 받고 산다. 아무래도 컴퓨터로는 글이 써지지 않는다. …… 연필로 글을 쓰면 팔목과 어깨가 아프고, 빼고 지우고 다시 끼워 맞추는 일이 힘들다. 그러나 연필로 글을 쓰면 내 몸이 글을 밀고 나가는 느낌이 든다. 이 느낌은 나에게 소중하다. 이 느낌이 없이는 한 줄도 쓰지 못한다. 이 느낌은 고통스럽고도 행복하다"(김훈, 2007). 그래서일까? 김훈의 말처럼 빛의 속도로 진화하는 기술 진보의 디지털 시대에 오히려 불편한 아날로그적 물건과 이것을 소비하는 사람들이 늘어나는 이유 말이다. 이에 관해 몇 가지 사례를 들어 이야기해보기로 하자.

미디어로서의 시계와 구두

전통적으로 여성들이 가방에 신경 쓰는 것과 유사하게 최근 남성들이 시계나 구두에 큰 의미를 부여하고 관련 산업 또한 호황인 것은 잘 알려진 사실이다. 주 5일제 근무의 정착과 여행과 캠핑 등 여가문화의 확산 속에서 과거 양복과 넥타이로 대변되던, 멋스럽지만 일반적으로 비싸고 불편한 아날로그적 가치와 이미지를 지닌 물건들이 과거에 비해 소수의 마니아 계층에게만 어필하며 그 인기를 잃어가고 있다. 반면 이런 시대적 흐름에도 굳건히 그 인기를 유지하며 오히려 과거에 비해 그 시장이 커지거나 다양화되는 물건들도 존재한다. 남성들이 열광하는 손목시계와 구두는 점점 스마트해지는 디지털 시대에 아날로그적 감수성을 소환해내는 물질문화의 사례로 볼 수 있을 것이다.

오늘날 손목시계의 원형이 된 기계식 시계의 발명은 인류 역사의 흐름을 바꾸어놓았고, 궁극적으로 산업혁명의 중요한 원동력이 되었다. 이탈리아의 경제사학자인 카를로 치폴라Carlo Cipolla가 그의 저서인 『시계와 문명』(2013)에서 역설한 내용이다. 톱니바퀴의 회전속도를 고르게 하는 탈진기脫進機를 사용한 기계식 시계가 등장하면서 균등화된 시간의 측정이 가능해졌고, 이는 인간의 사고와 행동을 표준화함으로써 궁극적으로 과학기술 발전의 견인차 역할을 했다. 기계식 시계의 등장으로 도심에 있는 성당이나 시청사 등에 설치된 대형 시계가 종소리로 시간을 알리는 모습은 중세 유럽도시의 전형적인 풍경이 되었다. 손목에 차는 웨어러블wearable 시계는 1911년 루이 까르띠에Louis Cartier가 비행사였던 친구가 비행 중에도 편하게 시간을 볼 수 있도록 손목에 찰 수 있게 만든 게 시초였다. 스프링과 톱니바퀴, 그리고 태엽과 같은 다양한 정밀 기계기술의 융합의 결과로 시계의 소형화가 가능해져 '웨어러블' 시계인 손목시계가 탄생할 수 있었다(≪디지털타임스≫, 2014.10.13).

시계의 기능이나 사용가치는 유추하기 어렵지 않듯이 시간을 측정하는 것이지만, 이러한 시계의 본질적 기능을 가장 정확하고 충실하게 구현하는 것은 기계식 시계가 아니라, 오늘날 많은 사람들이 사용하는 스마트폰에 내장되어 있는 시계이다. 특히 최근 삼성(갤럭시기어)과 애플(애플워치), 소니(스마트워치)와 LG(G워치), 모토롤라(모토360) 등 스마트 사업을 선도하는 초국적 기업TNCs들이 경쟁적으로 스마트 시계나 웨어러블 컴퓨터 개발 및 상용화에 성공했거나 이에 박차를 가하고 있다. 그러나 이처럼 거의 오차를 허용하지 않는 스마트 기기의 정확한 시간 측정 기능에 비해 시간의 오차범위도 상당히 크고, 특히 고가의 기계식 시계automatic watch인 경우 관리도 까다롭고 수리 시 상당한 비용이 들어가는 손목시계가 오늘날 남성들에게 대표적 장신구이자 상징적 재화로 사랑받는 이유는 무엇일까?

과거에는 구두, 벨트, 정장, 넥타이, 안경 등이 사치품의 전부였던 남성들에게 요새는 명품 시계가 하나의 로망으로 받아들여진다. 특히 명품의 관심도가 자동차에서 시작한다면, 시계는 남성 명품 세계의 끝이다. 여성들의 취향이 고가의 핸드백에서 보석류로 넘어가는 것과 같은 이치로 볼 수 있다. 얼마 전 온라인상에서 '추신수 시계'로 알려진 로저드뷔Roger Dubuis는 스위스 명품 시계 브랜드로, 모든 부품을 자체 제작하며 100% 수작업으로 조립되는 하이엔드 워치이다. 2014년 한 방송에 단독 게스트로 출연한 미국 메이저리그 야구 선수 추신수가 차고 나온 로저드

신분의 척도 역할을 하는 명품 시계. © Rama(commons.wikimedia.org)

뷔 시계는 '엑스칼리버 로즈골드 월드타임 존'이라는 모델로 가격이 6500만 원을 호가한다. 2013년 한 예능 프로그램에 개그맨 노홍철이 차고 나온 시계 역시, 140년 이상의 역사를 가진 스위스 명품 시계 브랜드 IWC의 '포르투기스 퍼페츄얼 칼렌더'로 가격이 4500만 원에 달한다고 한다.

TV 화면에 나온 시계만 보고도 브랜드와 가격을 알아맞히는 네티즌들의 안목 또한 놀라울 정도다. 이는 그만큼 명품 시계에 대한 대중의 관심과 이해도가 높아졌다는 사실을 방증한다. 몇

해 전까지만 해도 시계 하면 반짝이는 황금빛 예물 시계를 떠올렸지만, 최근 들어서는 자신만의 패션이나 개성과 자존심을 위해 명품 시계로 관심을 돌리는 남성들이 늘고 있다. 집이나 자동차처럼 시계는 차고 있는 사람의 지위와 신분, 품격 등 모든 것을 말해주는 하나의 잣대가 되고 있는 것이다. 이러한 변화는 수치로도 확인되는데, 일례로 신세계백화점 시계매장의 경우 남성 단일 고객이 70%를 차지해 신혼부부 고객을 앞질렀으며, 롯데백화점 에비뉴엘의 경우 시계 매출의 남녀 성비가 6대 4로 남성 사업가 또는 전문직 남성이 구매자의 대부분을 차지한다. 갤러리아백화점의 경우 여성이 주류였던 명품 '하이주얼리&워치스' 매장의 명품 시계를 구입하는 남성 고객의 비중이 2014년에는 전년 대비 31% 증가했다. 연령대별로는 30대가 전년에 비해 21%, 40대가 56%, 50대가 17% 증가해 경제력을 갖춘 남성들의 명품 시계에 대한 관심을 잘 보여준다(≪헤럴드경제≫, 2014. 2. 26).

이처럼 최근 명품 시계를 소비하는 남성이 늘어나고 있을 뿐 아니라, 그 연령대가 20~30대로 낮아지면서 기존의 주 고객층인 40~50대와 함께 다양화되는 추세라고 한다. 또한 장기화되고 있는 경기 불황에도 명품 시계 소비는 성장세에 있다. 인기 브랜드도 파텍 필립Patek Philippe, 까르띠에Cartier, 오데마피게Audemars Piguet, 예거르쿨트르Jaeger LeCoultre, IWC, 로저드뷔, 위블로Hublot, 율리스나르뎅Ulysee Nardin, 아 랑게 운트 죄네A. Lange & Söhne, 브레계Breguet 등으로, 고급 시계 하면 롤렉스Rolex나 오메가Omega 정도의 이름을 떠올리던 필자를 비롯한 많은 이에게 생소한 브랜드를 이제 국내 여러 유명 백화점에서 어렵지 않게 찾아볼 수 있다. 가격 역시 200~300만 원 대부터 형성되어 있지 않을까 하는 기대와는 달리, 명품 시계의 범주로 분류되려면 최소 500만 원은 되어야 하며, 비싼 것은 수천만 원을 호가하는 다양한 브랜드가 국내에 들어와 유통되고 있다고 한다.

위에서 언급한 것처럼 최근 이러한 명품 시계의 세계에 입문하는 소비자의 연령별, 직업별 저변과 층이 확대되면서 가격대는 물론 기능과 스타일, 디자인 등에서 차별화되는 다양한 브랜드와 라인업이 인기를 얻고 있다. 이는 여성들에 비해 활용할 수 있는 장신구나 액세서리의 선택의 폭이 넓지 않은 남성들에게 손목시계가 자신의 기호나 취향뿐 아니라 성향과 미적 감각, 또는 세계관을 표현하는 '미디어'가 되고 있음을 보여준다. 또한 시계가 단순히 시간을 측정하거나 알려주는 편리한 문명의 이기라기보다, 비즈니스 미팅이나 직장생활, 나아가 크고 작은 사회적 만남 등 다양한 공적·사적 맥락에서 내가 누구인지 드러내는 미디어임을 보여준다.

또 다른 예로 남성의 구두를 들 수 있다. 잘 알려진 것처럼 여성들이 고가의 명품 가방이나 화장품, 구두에 신경 쓰는 것과 유사하게 최근 30~40대 남성들의 고급 구두 소비가 증가하고 있다고 한다. 가령 정장은 몸에 잘 맞는 중저가 브랜드의 슈트를 입으면서도 구두는 럭셔리 브랜드 제품을 구입하는 것이 그런 경향 가운데 하나이다(≪신동아≫, 2011.1.25). 구두는 정장과 함께 결혼과 졸업을 앞두고 있거나 직장에 갓 취직한 남성들이 으레 갖추어야 할 필수 품목 중 하나이지만, 최근의 소비 트렌드는 이러한 기존의 소비 형태에 변화가 있음을 보여준다. 즉, 구두 구입과 관리에 상당한 시간과 공을 들이는 젊은 남성들이 증가하고 있다는 점이다. 이제 구두가 남성의 필수품이자 스타일을 보여주는 아이템을 넘어 취미와 취향, 나아가 애착의 대상이 되고 있는 것이다.

과거 남성 구두와 쉽게 동일시할 수 있던 검정색 구두는 이제 구두 시장에서 유행이 지난old fashioned 아이템이라는 이야기도 들을 수 있다. 이를 증명이라도 하듯 최근 백화점의 남성 구두 매장에는 기존의 보수적이고 무거운 느낌을 주는 검정색 구두가 아니라 밤색과 회색, 카키색 등 화려하고 다양한 색상의 구두들이 진열되어 있다. 색상뿐만이 아니라 구두코의 디자인이나 장식, 구두끈의 유무 등에 따라 플레인 토슈즈Plain toe shoes, 더비Derby, 로퍼Loafer, 옥스퍼드Oxford, 첼시Chelsea, 윙팁Wing Tip, 몽크 스트랩Monk Strap, 브로그Brogue, 디저트Desert, 보트Boat 등 다양한 이름과 모양을 가진 구두들이 존재한다. 흥미로운 점은 이런 분류법이 구두 산업의 마케팅을 위한 용어나, 구두 관련 잡지에서나 볼 수 있는 전문지식에 그치지 않는다는 것이다. 오히려 이에 대

다양한 남성 구두의 종류. 서울 성수동의 한 구두 매장 안.

한 정확하고 풍부한 지식을 갖고 소비에 이를 직접적으로 활용하는 남성들이 늘고 있다.

구두를 비롯한 정장과 넥타이, 시계와 안경은 이것을 착용한 남성이 누구인지 말해주는 커뮤니케이션의 도구로 기능한다. 소비자는 단지 자신을 더 잘 표현하고 타인과 원만한 관계를 맺으며 유대하기 위해 비싼 명품을 소비하는 것이 아니다. 이들은 자신이 누구인지를 표현해주는 '영혼이 깃든' 명품을 찾기 위해 애쓰며, 이것이 쇼퍼홀릭이나 충동구매를 의미하지는 않는다. 이들은 10년 이상 진심으로 좋아하면서 가지고 다닐 수 있는 물품인지 고려하고, 오히려 유행을 따르는 아이템에는 큰 흥미를 갖지 않을 수도 있다. 이들은 자신의 개성을 표현할 수 있는 차별성과 희소성을 가진 제품에 가슴이 두근거린다. 또한 빠르게 변화하는 트렌드를 익히기 위해 남성 패션지나 전문 잡지를 구독하는 것은 기본이고, 해외 명품 편집매장인 '분더샵'에서 신제품을 눈으로 확인한 후, 물건은 면세점이나 세일 기간에 백화점에서 구입하기도 한다. 아내가 골라주는 대로 입거나 신는 보통 남자들과 달리, 이러한 소비자는 '나 홀로 쇼핑'을 고집한다. 구매를 결심하기 전 포털 사이트에 올라온 블로거나 누리꾼들의 '신상 리뷰'도 꼼꼼하게 읽어본다(《신동아》, 2011.1.25).

물론 아웃도어 제품의 부상과는 조금 다른 맥락에서 구두의 인기를 살펴볼 수 있다. 최근 대기업을 비롯한 직장 내의 드레스코드dress code가 정장에서 캐주얼로 변화함에 따라 백화점의 기성복 정장과 구두 시장이 어려움을 겪고 있음은 잘 알려진 사실이다. 이런 시점에 최근 맞춤 정장이나 고급 수제화를 찾는 사람들이 늘고 있다는 사실은 역설적이다. 물론 이것이 아직 시장의 판도를 바꿀 만한 동력을 얻은 것은 아니므로, 이에 관해서는 좀 더 시간을 두고 추이를 지켜봐야 할 것이다. 그럼에도 기존의 중장년층뿐 아니라, 3040세대와 직장에 갓 취업한 20대 후반의 남성들 또한 고급 수제화에 관심을 갖게 된 최근의 변화는 흥미롭다. 국내에서 유통되는 값비싼 해외 브랜드의 명품 구두만 해도 벨루티Berlut, 크로켓앤존스Crockett & Jones, 아테스토니A.testoni, 존롭johnlobb, 처치스Church's, 로크Loake, 키톤Kiton, 토즈tods, 랄프로렌ralphlauren, 잘란 스리와야Jalan Sriwijaya, 알든Alden, 알렌에드몬즈Allen Edmonds 등 이전에 볼 수 없던 생소한 이름들이 많다.

이러한 변화의 한 예로 몇 해 전 조성된 서울 성동구에 위치한 성수 수제화타운을 들 수 있다. 최근에는 이곳을 찾는 이들이 많고 여러 중소 규모의 구두 가게가 새로 개업하는 등 활기를 띠고 있다. 한때 전국 구두 생산의 70%가량을 담당해 한국 구두의 메카로 알려진 성수동은 과거와는 또 다른 모습으로 한국형 명품 구두 산업을 기치로 내걸고 도약을 준비하고 있다. 거리의 곳곳에서 '수제화 판매'나 '핸드메이드 맞춤구두'라는 간판을 내건 크고 작은 상점들을 볼 수 있다. 이곳에서 구두 생산이나 판매에 종사하고 있는 사람들은 이러한 변화에 대해 신중하지만 낙관적인 전망을 내놓고 있다. 그중 2013년 12월 성수역 구두테마역 조성 기념 및 수제화 성수매장 개장식에서 '수제화 명장 1호' 인증패를 받은 한 구두 제작자의 말을 소개한다.

서울시로부터 수제화 명장 1호로 선정된 유홍식 명장은 이탈리아 구두가 수제화 명품으로 유명하지만 한국 수제화도 그에 못지않은 명품 수제화를 만들어 세계인들에게 인정을 받고 싶은 마음을 피력했다. 그는 "나는 남이 만들지 않은 수제화 모델을 수없이 만들었다. …… 기술로는 세계 어느 누구와 겨루어도 지

서울 성동구 수제화타운의 모습.

지 않는다"(≪아시아경제≫, 2013.12.17)라고 자신했다. 최근 수제
화에 관심을 가지고 성수동을 찾는 소비자들이 부쩍 늘어 일이
많다고 했다. 이는 구두 산업을 육성하려는 서울시와 성동구의
지원 없이는 불가능한 일이었고, 지난 50여 년간 수제화를 만들
어오며 이처럼 '관'이 구두 제작자에게 관심을 가져준 경우는 처
음이라고 했다. 또한 향후 성수동의 구두 산업을 더욱 활성화하
고 지속가능하게 하기 위해, "눈에 보이는 거리 조성이나 인프라
구축도 중요하지만, 영세한 구두 제작자들에게 매장이나 건물을
무상 임대하거나 직접적으로 예산을 지원하고, 3~4년제 전문 구

서울 성동구 수제화타운의 한 구두 매장 안에 진열된 구두들.

두 학교를 설립해 후진을 양성할 수 있는 교육 프로그램을 확충하는 등 지자체는 물론 국가적 차원의 실질적인 지원이 필요하다"3)라고 덧붙였다.

유 명장은 예전에는 이 일을 잔재주라 생각할 정도로 사회적 인식이 좋지 않았고, 그렇기 때문에 구두 제작자들을 천대하는 분위기가 컸다고 했다. 그래서 많은 구두 장인이 구두 수선이나 다른 업종으로 전업하고 제자들을 길러내지 못해 현재 대부분

---

3) 필자가 직접 인터뷰한 내용 중에서(2014.10.24).

맥이 끊긴 상태라고 했다. 최근 서울시의 이러한 정책적 배려로 자신의 일을 천직이라 여기고 요즘은 하루하루 즐거운 마음으로 일하고 있다고 했다. 마지막으로 그는 사람들이 자신만의 개성을 추구하고 삶의 질을 따지는 시대이기 때문에, 앞으로 편하면서도 멋스러운 수제화에 점점 더 관심을 가지게 될 것이라는 말도 덧붙였다.

물질문화와 소비를 성찰하기

빛보다 빠른 속도로 변화하는 디지털 시대. 테크놀로지의 발전은 많은 시공간적 제약을 극복하게 했고, 이전에 꿈꿀 수 없던 다양한 문명의 이기와 이에 따른 일상의 편리함을 선사했다. 이는 우리의 개인적 삶은 물론 타자와 관계 맺기의 정경을 전면적으로 바꾸어놓았다. 이처럼 놀라운 속도와 편리함은 동시에 방향과 깊이, 진정성 등에 관한 우리의 고민을 깊게 만들기도 한다. 조금 거추장스럽고 불편하더라도 확실성 있고 분명한 현존감으로 조용한 안정감과 만족을 주는 물건들, 오래 지속되는 우정이나 신뢰, 인간미 넘치는 집단이나 공동체 등에 대한 그리움은 아날로그적인 것들에 대한 추억과 자연스럽게 연결된다고 볼 수 있다.

물론 이처럼 물건과 사람, 과거의 경험과 공동체에 대한 애착이 도가 지나친 상황이나, 또 다른 '구별짓기'나 '차이의 문화정치'로 작동하는 현상과 이것이 야기하는 부정적 결과에 대한 차분한 직시와 성찰은 아무리 강조해도 지나치지 않을 것이다. 주지하는 바와 같이 한국 사회에서 학교 서열이나 직업, 재산과 주거하는 곳의 장소성이 갖는 의미는 각별하다고 볼 수 있다. 이러한 조건들에 의해 새로운 계급과 차별이 양산되는 것과 유사하게, 특정 브랜드의 소비와 소유 또한 이러한 차별을 생산하고 '개인을 줄 세우는' 새로운 계급도의 형성에 일조하고 있다.

한 예로 남성 명품 시계의 경우, CEO는 9000만 원대 파텍 필립의 5159G-001, 임원은 4000만 원 중반의 브레게 클래식 알람 워치(5707ER), 과장은 1300만 원대의 롤렉스 서브마리너 콤비, 대리는 700만원대의 까르띠에 발롱블루 스틸, 평사원은 400만 원대의 태그호이어 까레라 데이데이트 시계를 소유해야 한다는 일종의 명품 계급도가 인터넷상에서 회자되기도 한다. 이는 한국 사회만의 문제는 아니고 전 지구적인 경향이라 볼 수 있는데, 최근 더욱 심화되고 있는 사회문화적 현상 중 하나이다. 특히 젊은 세대는 이러한 소비문화의 폐해에 대해 겉으로는 비판하면서도 암묵적으로 서열화나 차별을 용인하고, 새로운 계급화에 은연중 동참하는 심리적 이중성 또한 심화되고 있다. 한국 사회는 줄을 세워 누가 어디에 있는지 이해하는 데 익숙하며, 점점 다원화·세분화되어 가는 세상 속에서 자신 또는 친구가 어느 지점에 있는지를 확인하려 한다. 이 과정에서 자신보다 뒤처진 계급을 보면서 안심하고 싶은 욕망을 부추기고 이를 용인하는 사회라 해도 과언이 아니다(≪한국일보≫, 2014.10.2).

이러한 현상에 관해 프랑스의 사회학자 에바 일루즈Eva Illouz는 자신의 저서 『감정자본주의』(2010)에서 현대 자본주의에서 거래 되는 것은 단순한 상품이 아니라 상품에 숨겨진 감정이라고 주 장한다. 약 100년 전에 생겨나 심리학이라는 학문으로 주목받게 된 인간 내면의 정서적 과정이 경제 활동과 결합되면서 20세기 후반부터 자본주의는 전혀 다른 방식으로 발전하기 시작했다는 것이다. 일례로 상품의 기능적 특징이 아니라 상품의 디자인과 이미지, 그리고 가격 등의 정서적 특징이 더 주목받기 시작했다. 그러므로 감정자본주의는 경제와 감정이란 이질적인 영역이 상 호 침투하는 문화, 다시 말해 정서가 경제행위의 본질이 되는 동 시에 경제논리가 감정생활을 지배하게 되는 문화를 의미한다.

일루즈에 의하면, 감정자본주의는 한편으로는 경제적 자아를 감정적이 되도록 만들었고, 다른 한편으로는 감정들을 도구적 행위에 종속되도록 만들었다. 이러한 문화적 변화의 부산물로 우리가 오늘날 목도하는 대화와 소통, 치료심리학과 자기계발 등에 대한 강조는 기업형 자아를 생성했고, 다양한 대중 심리학 과 경영 지침서, 실용서 등을 통해 '소통의 에토스communicative ethos'라 명명할 수 있는 감정양식을 생산하고 있다. 이런 맥락에서 기업 경영에서도 정서적 차원은 가장 중요한 요인으로 간주된다. 오늘날 노사관계나 기업의 생산성과 관련해 동기 부여, 감정, 소통과 같은 심리학적 언어가 화두가 되고 있고, 경영자의 리더십에서도 정서적 요인이 중시되고 있다(일루즈, 2010; 김정운, 2012: 126).

유사한 맥락에서 일루즈는 또 다른 저서인 『낭만적 유토피아 소비하기: 사랑과 자본주의의 문화적 모순』(2014)을 통해 이제 낭만적 사랑조차 개인적 차원의 뜨거운 열정에서 자본주의의 차가운 논리, 즉 상품화와 이윤 추구, 계산적 합리성으로 전이되거나 최소한 이로부터 자유롭지 못하다고 일갈한다. 가령 20세기 초반부터 성장한 대중문화와 여가 및 소비생활은 '상품의 낭만화'와 '로맨스의 상품화' 과정 속에서 낭만적 유토피아를 창출해낸다. 빅토리아시대의 사랑이 지닌 '고통, 장애, 난관'의 의미는 후기 자본주의적 문화에서 대중문화를 통해 '쾌락, 흥분, 강렬함'의 의미로 전환되었다. 이러한 새로운 경험은 영화와 광고 이미지 속에서 상품이 낭만적 아우라를 획득하는 방식, 즉 상품의 낭만화 과정과 여가와 소비 활동을 통해 로맨스를 상품화하는 과정에서 가능해졌다. 그런데 이 과정은 궁극적으로 영화와 놀이공원 등 대량생산된 저렴한 제품뿐 아니라 연극 티켓과 레스토랑 등 풍요한 생활양식과 결합한 사치재의 '소비'를 통해 가능해진다는 점에서 낭만적 사랑의 계급적 차이를 발생시킨다. 가령 데이트 비용을 마련하는 데 실패한 남성은 여성에게 거절당하는 위험에 처할 수도 있다. 그러므로 현대의 낭만적 사랑은 시장으로부터의 안식처가 되기는커녕, 후기 자본주의의 정치경제와 긴밀하게 공모하고 있는 하나의 관행이다.

즉, 현대사회에서 낭만적 유토피아를 경험하기 위해서는 여가와 소비 등 시장 논리를 충실히 따라야 하며, 동시에 자기통제라는 고된 노동의 대가를 치러야 한다. 이러한 모순은 사회과학, 심리학, 의학적 담론에 기대고 있는 치료 요법 담론에 의해 해소된다. 쾌락을 추구하되 상대방과의 대화, 협력, 상호작용하는 기술 또한 익혀야 한다. 사랑은 고단한 노동의 일부가 됐으며, 소비 윤리와 밀착되어 있는 감정적 실천이 됐다. 여행, 외출하기, 데이트 등 돈을 지불해야만 낭만적 유토피아로 진입할 수 있게 된 것이다. 심지어 사적인 가족생활에서도 로맨스는 일정한 비용을 지출해야 가능하다. 일루즈에 따르면 낭만적 이상이 소비 자본주의의 민주적 이상을 반영하고 또 그것을 유지하는 데 일조하는 반면, 시장을 구성하고 있는 불평등은 낭만적 유대 그 자체로 이전됐다. 그러므로 우리에게 자유의지의 산물이라 여겨진 순수하고 낭만적인 사랑조차 후기 자본주의의 문화 또는 계급 관계와 어떻게 연관되어 있는지를 검토하는 것은 의미를 지닌다(일루즈, 2014: 17~20, 32~34, 126~143; 정수남, 2014.4.23).

스마트하고 스피디한 기술문명의 시대에 사람 냄새 물씬 나고 그 진정성과 존재감에 일말의 의심을 품기 어려운 대상에 대한 그리움은 그래서 더욱 강렬한 것일까. 특히 이것이 사람과 사람을 매개하고 나 자신이 누구인가를 표상하는 미디어로서 기능할수록 물질에 대한 우리의 기대와 욕망 또한 그에 비례해 증폭된다. 몇 해 전 인기를 끈 드라마의 대사로 유명세를 떨쳤던, '이태리 장인이 한 땀 한 땀 정성을 기울여 만든' 명품에 대한 집착 혹은 애착은 이런 이유에서 오늘날 더욱 군건하고 분명한 정당성을 찾을 수 있는 듯 보인다. 또 이를 두고 세련된 문화산업에 호명되거나 미디어 스펙터클의 환영에 현혹된, 더 냉소적으로 말해 자본주의의 상술과 전략에 '낚인' 고독한 군중의 맹목적 소비라 탓하기만도 어렵다.

이제 소비는 피할 수 없는 우리 삶의 조건이자 일상이 되었다. 아무리 열심히 일을 해도 삶이 나아질 기미가 보이지 않는다는 자조 섞인 말도 여기저기에서 들려온다. 또 치열하게 미래를 준비하고 자기계발에 매진해도 현재의 남루한 삶이 조만간 개선될 것이라는 희망 역시 멀게만 느껴진다. 연애와 결혼, 출산과 양육, 주택 구입은 물론 노후 대비 역시 녹록지 않은 시대에 과거 기준의 출세나 사회적 성공이 신기루처럼 멀리 있음은 말할 나위도 없다. 치열하고 냉혹한 경쟁에서 도태된 개인을 구제하는 사회적 안전망은 부실하기 이를 데 없다. 2014년 세월호 참사와 땅콩회항 사건, 그리고 2015년 메르스 사태에서 드러나듯 공적 기구로서의 국가와 제도적 장치는 제대로 작동하지 않는다. 많은 개인들은 국가와 사회, 공적 영역에 무관심하고, 나아가 이들이 나를 지켜주기는커녕 나의 삶과는 별 상관 없는 것이라 느끼게 된 불신과 냉소의 시대이다. 오히려 자본과 권력의 '갑질' 앞에 무방비로 노출된 수많은 '을'들은 어두운 터널 속에서 출구를 찾지 못하고 외로이 분투하거나, 기껏해야 웰빙이나 힐링 등 오늘날 인기 있는 산업이 된 대중문화와 소비를 통해 삶의 고통과 불안을 잠시나마 망각하며 그 속에서 삶의 의미를 찾는 시대이다.

이 같은 각자도생의 사회에서 불확실한 미래를 담보로 오늘을 저당 잡히는 대신, 내게 즐거움을 주고 살아 있음을 느끼며 강퍅한 삶을 밀고 나아가는 힘이 되어주는 소비는 일상에 의미를 부여하고 즐거움을 주는 삶의 원동력이자 우리를 존재하게 하는 힘이 된다. 상품이 주는 의미나 가치가 이것을 사용하는 소비자의 물질적 니즈needs, 즉 사용가치 외에 다양한 욕망과 상징, 즉 교환가치나 전시가치, 그리고 이를 넘어 새로운 정체성과 자존감, 또는 대인 관계를 매개하거나 생성하는 시뮬라크르simulacra적 속성을 인정한다면, 실재의 견고함 대신 기호화된 차이를 소비하는 데서 오는 비물질적이며 심리적인 치유 효과와 심미적 요소가 주는 순기능을 부정하기 어렵다. 이를 두고 보드리야르는 소비는 더 이상 사물의 기능적 사용이나 소유, 또는 개인이나 집단의 단순한 위세 과시의 기능이 아니라, 커뮤니케이션 및 교환의 체계이자 끊임없이 보내고 받아들이고 재생되는 기호의 코드로서, 즉 언어활동으로 정의되는 우리의 차이에 대한 욕구임을 간파하고 있다. 이러한 욕구는 우리가 매일 접하는 광고와 텔레비전, 그 밖의 미디어와 각종 스펙터클에 의해 주조되면서 확산된다(보드리야르, 1992).

소비와 관련한 하나의 구체적 예로, 쇼핑을 할 때 물건을 고르고 결정하는 행위가 뇌를 활성화시켜 기억력 및 선택과 관련된 지적 능력을 향상시키는 데 도움을 준다는 과학적 연구 결과(≪서울신문≫, 2014.11.22)를 굳이 언급하지 않더라도, 우리는 직관적으로 소비가 얼마나 즐거운, 자기효능감 또는 만족감을 주는 행위인지 알고 있다. 다만 소비나 이를 통해 얻는 일상의 의미와 즐거움이 현대 자본주의 사회와 문화가 야기하는 물신과 과잉, 소외와 단절을 극복하는 데 일조할 수 있다면 더할 나위 없을 것이다. 일례로 우리가 구매한 물건과 그러한 행위, 소비를 둘러싼 새롭고 창의적인 방식이 일상을 영위하는 데 없어서는 안 되는, 나아가 깊은 심심함이나 편안한 즐거움을 선사하거나, 오랜 시간 변함없이 애착을 느끼는 물건이자 타인과 소통하고, 일상에 그윽한 향기와 여백을 주는 일종의 문화로 자리 잡을 수 있도록 하는 개인적·사회적 노력이 필요하다.

세계에서 가장 가난한 대통령으로 존경받다가 2015년 2월 말

퇴임한 우루과이의 호세 무히카Jose Mujica 대통령은 재임 중 유엔 총회 등 국제무대에서 행한 연설에서 소비사회에 갇힌 현대인들과 이러한 사회를 비판했다. 가령 "현대사회는 가치에 반해서 움직이고 수단에 관계없이 단지 부자일 때 더 행복하다고 생각하는 사람들에 의해 움직이는 것 같다"며 "인류는 시장경제를 신으로 여기고 있다"라고 지적했다. 또 다른 연설에서 그는 "우리는 소비사회에 통제 당하고 있다"며 "우리는 발전을 위해 태어난 것이 아니라 행복하기 위해 지구에 온 것이다. 생명보다 더 귀중한 것은 존재하지 않는다"라고 말했다(≪한국일보≫, 2015.2.26). 또 빈곤한 사람은 조금 가진 사람이 아니라 욕망이 끝이 없으며 아무리 많이 소유해도 만족할 줄 모르는 사람이라며, 오늘날 근본적인 문제는 우리가 만든 사회 모델이며 반성해야 할 것은 우리들의 생활방식이라고 일갈했다. 이 얼마나 오늘날 이 시대를 살아가는 우리 모두에게 큰 울림을 주는 말인가.

물론 자기돌봄이나 자기배려 등 미셸 푸코가 이야기한 자기와의 관계와 관련된 개념이 좀처럼 새롭고 다른 정치적 가능성으로 확장되지 못하고, 그저 다양한 라이프스타일이나 정체성의 정치 혹은 소비와 등치가 되거나 재귀하는 후기자본주의적 삶의 정경에 비추어 볼 때 이와 같은 바람은 지난하고 어려운 일일 수 있다. 그렇기에 더욱, 유행에 기민한 감각은 사물에 대한 진정한 감수성이 아님을 깨달아야 한다. "오히려 그 반대다. 거기에는 자신의 삶을 구성하는 온갖 것들에 대한 싫증이 있을 뿐이며, 새로운 것의 번쩍거리는 빛으로 시선의 깊이를 대신하려는 나태함이 있을 뿐이다. 우리가 사물을 바라보며 마음의 깊은 곳에 그 기억을 간직할 때에만 사물도 그 깊은 내면을 열어 보인다"(황현산, 2013: 192).

그러므로 이제 개인과 일상적 층위에서의 작은 실천, 환경과 사회적 약자에 대한 지속적 관심, 학교와 종교, 미디어를 통한 사회적 담론의 확산, 이웃과 마을, 지역과 지자체 등 작은 단위의 공동체를 통한 나눔과 돌봄, 그리고 창의적 소비 운동을 통해 과거의 과시적이며 탐욕스럽고 모순적이며 자기기만적인 소비를 넘어, 함께 나누고 돌아보며 배려하는 가운데 삶과 사회를 천천히 변화시킬 수 있는 소비의 새로운 가능성을 상상하고 전유해나갈 수 있을 것이다.

참고문헌

김정운. 2012. 『남자의 물건』. 파주: 21세기북스.

김종진. 2014. 「감정노동」. 국회입법조사처 전문가보고서.

김훈. 2007. 『밥벌이의 지겨움』. 서울: 생각의 나무.

바우만, 지그문트(Zygmund Bauman). 2013. 『유행의 시대』. 윤태준 옮김. 파주: 오월의 봄.

보드리야르, 장(Jean Baudrillard). 1992. 『소비의 사회』. 이상률 옮김. 서울: 문예출판사.

일루즈, 에바(Eva Illouz). 2010. 『감정자본주의』. 김정아 옮김. 파주: 돌베개.

____. 2014. 『낭만적 유토피아 소비하기: 사랑과 자본주의의 문화적 모순』. 박형신·권오헌 옮김. 서울: 이학사.

황현산. 2013. 『밤이 선생이다』. 파주: 문학동네.

권오성. 2013.6.12. "악마나 프라다를 입는다". ≪매일신문≫.

김규항. 2014.9.23. "생활양식의 전투". ≪경향신문≫.

김찬호. 2014.9.6. "공공선과 놀이감각". ≪경향신문≫.

≪디지털타임스≫. 2014.7.4. "아웃도어업체들 가격 높게 잡아 영업이익 늘려".

____. 2014.10.13. "스마트시계, '포스트 스마트폰' 대안인가".

류웅재. 2014.8.6. "아웃도어 열풍과 삶의 질". ≪경향신문≫.

____. 2015.1.19. "'공유경제'의 안착을 바라며". ≪경향신문≫.

≪매일경제≫. 2014.8.12. "세계가 열광하는 '신개념 셰어링' 한국만 과거 잣대로 규제".

박상도. 2014.9.4. "아이스 버킷 챌린지 삐딱하게 보기". ≪자유칼럼그룹≫.

≪서울신문≫. 2014.11.22. "쇼핑하면 뇌 기능 활성화…… 기억·결정능력 높아져".

≪세계일보≫. 2014.12.18. "LP 음반의 귀환…… 아날로그 감성 깨우다".

≪신동아≫. 2011.1.25. "중년 남성 겨냥한 명품 비즈니스의 세계".

≪아시아경제≫. 2013.12.17. "티타임: '성수 수제화 명장 1호' 유홍식".

정수남. 2014.4.23. "사랑은 어떻게 후기자본주의 정치경제학과 공모하게 됐을
　　까". ≪교수신문≫.

≪한겨레≫. 2014.12.31. "지역별 특성 살린 '공유 생태계' 구축 활발".

≪한국일보≫. 2014.10.2. "新 골품시대…… 당신의 서열은 어디쯤입니까?"

＿＿. 2015.2.26. "지구촌에서 가장 가난한 대통령의 '가르침'".

≪헤럴드경제≫. 2014.2.26. "럭셔리 워치로 남자의 모든 것을 말한다".

제 3 장

여성 소비의
문화정치학

최은경

들어가며

한국 사회에서 여성의 일상성에 대한 비판적 연구는, 일종의 고정관념과 연결되거나 정체를 알 수 없는 이데올로기를 대상으로 해야 하는 이유에서 그동안 인기 있는 연구 주제나 접근 방법은 아니었다. 예를 들면 텔레비전 드라마를 통해 쉽게 접할 수 있는 여성의 일상은 가사와 육아, 그리고 가족 혹은 이웃과의 관계에서 발생하는 작은 사건들의 반복이 대부분이다. 미디어가 재현하는 여성의 일상성에는 가부장적이며 자본주의적 이데올로기가 자연스럽게 스며들어 있는데, 우리는 텔레비전 프로그램에 담긴 이런 이데올로기적 의미들을 간과하며 살고 있다. 여기에 내포되어 있는 왜곡된 의미나 억압 구조에 대해 의문조차 갖지 않도록 길들여져 버렸기 때문이라는 추측이 가능할 것이다. 또한 텔레비전 프로그램을 그저 유희의 대상으로 바라보는 대중의 오래된 습속을 무시하기도 어렵다. 대량생산이 가능해지고 대량 소비문화가 확산되며 여성 또한 그저 수동적 소비자로 여겨질 뿐, 중층적인 역사적·정치경제적 맥락하에서 여성과 소비 대상의 관계, 혹은 여성의 경험이 물질적 조건, 또는 당대의 지배적 가치 등과 어떻게 연관될 수 있는 것인가에 대한 진지한 탐구는 부족한 듯하다.

여성의 소비에 관한 본격적인 논의에 앞서 이 장이 커뮤니케이션의 정치경제학과 비판적 문화연구, 비판적 페미니즘이 결합된 페미니스트 정치경제학적 관점을 취하게 된 몇 가지 배경을 설명해야 할 것 같다.

첫째, 여성의 소비와 소비 대상에 대한 관찰은 마르크스가 자본론에서 주목했던 상품 생산이 생산자와 소비자, 그리고 생산자 간 사회적 관계를 구축하는 양상이나, 이러한 상호의존 관계에서 나타나는 갈등과 모순, 소외와 상품 물신주의commodity fetishism 등 일련의 개념의 활용을 필요로 한다. 예컨대 자본주의 경제가 사회적 관계를 은폐하면서 노동의 결과를 노동의 제공자와는 전혀 무관한 것처럼 보여주는 상품 물신주의 현상을 이해하기 위해서는, 상품의 생산양식에만 초점을 두었던 접근에서 벗어나, 소비 행위, 가령 구체적 소비 패턴이나 의사결정에 영향을 주는 사회적 관계를 분석하는 단계가 필요할 것이다.

둘째, 사회구조와 행위자 간의 관계를 올바로 이해하기 위해 젠더를 별개의 독립된 변수로 바라보기보다, 정치, 경제, 사회, 문화 그리고 역사를 포함하는 다층적 맥락에서 연계적으로 해석해야 한다. 여기서는 전통적으로 여성의 소비 양식에 초점을 두고 있는 현상적인 관심에서 벗어나, 여성이 사회문화적으로 어떻게 규정되고 한계 지어지며, 또 여성에게 어떤 실천이나 행위가 가능한 것인가에 관한 사회구조적 관계를 다루고자 한다. 가령 1990년대 이후 한국 사회를 지배했던 세계화의 물결 속에서 과잉 생산과 자유로운 소비가 가능해지고 심화되는 과정에서 미디어의 역할이 여성의 소비주의를 조장하거나 물신주의를 독려하는 데 일조하지 않았을까 하는 의문에서 이 장은 출발한다.

마지막으로 소비가 여성의 본질적인 욕구나 욕망, 필요의 충족이나 즐거움을 주는 쾌락의 불가피하고 자연스러운 추구라는 자본주의의 논리, 혹은 생산과 소비가 맺는 불가분의 관계에 관해 정치경제학적 관점에서 비판적 분석이 필요하다. 이를 위해 비판적 페미니즘의 시각이 요구되는데, 이는 실증적 사례와 분석을 통해 전통적이며 가부장적 사회 분위기와 심화되고 있는 자본주의하에서 물신주의 이데올로기의 이면에 은폐된 억압과 구별짓기에 대한 성찰이 가능할 것으로 보인다.

오늘날 대한민국의 소비문화는 빠르게 변하고 있다. 예를 들면 대량생산과 소비의 집결지라 할 수 있는 대형마트에 국내외 대기업들이 진출하면서 치열한 경쟁을 벌이고 있다. 과거 소비할 물건을 대중교통을 이용해 운반이 필요한 만큼 구매를 하던 서민들의 소비 방식 역시 자가용 증가와 홈 배달 서비스로 큰 변화를 겪게 되었다. 대형마트 쇼핑 형태의 발달 과정을 거슬러 올라가 보자. 1993년 서울시 도봉구에 국내 최초로 대형마트인 이마트가 개점했다. 당시 대형마트는 창고형의 도매 유통 매장 같아서 개인 소비자가 필요 이상의 양을 구매할 수밖에 없었지만,

상대적으로 저렴한 상품이 대량으로 한곳에 집결되어 있다는 장점은 대형마트 소비문화를 확산하는 데 일조했다. 하지만 20여 년 동안 대형마트들은 백화점보다 가족 생활용품 소비가 편리하도록 대중성과 실용성을 높였고, 동네 재래시장보다 세련되고 복합적이면서 가족이 함께 쇼핑할 수 있도록 주차장 시설까지 완벽하게 갖추며 사업을 확장시켰다. 그런데 한국의 경우, 일찍이 1가구 1차량 시대를 맞이한 서구 사회처럼 대형마트가 도심 외곽에 위치하지 않고, 대부분의 대형마트들이 도심 속 주거지와 인접한 곳에 자리를 잡으면서 소상인들, 재래시장과 경쟁을 했다. 그리고 도시의 많은 공간이 대량 소비를 할 수 있는 백화점, 멀티플렉스와 복합 쇼핑몰, 대형마트 등으로 빠르게 채워져 가는 모습을 발견하게 된다.

이렇게 늘어나는 오프라인 쇼핑 공간은 온라인으로 이어지며 쇼핑 공간을 확장시키고 있다. 국내의 경우 아마존, 이베이ebay 같은 해외 유명 온라인 쇼핑 사이트보다는 국내 유통업계가 강세를 보인다. 일례로 대형마트와 백화점 유통사업자인 이마트, 롯데마트, 홈플러스, GS, 현대, 신세계, AK, CJ, 그리고 지상파 사이 황금 채널에 배치된 홈쇼핑 텔레비전 채널들(GS홈쇼핑, CJ 오쇼핑, 롯데홈쇼핑, 농수산홈쇼핑, 현대홈쇼핑, 홈&쇼핑, SkyT 쇼핑 등), 온라인 전용 쇼핑몰 사업자인 G마켓, 11번가, 옥션, 또한 주요 포털 서비스 사업자인 네이버, 다음, 거기에 가격을 비교해주는 에누리닷컴, 다나와 같은 사업자가 온라인 쇼핑에 진출해 있다. 최근에는 쿠팡, 티몬, 위메프, 쿠차 같은 소셜 미디어와 온라인 미디어를 활용한 전자상거래인 소셜커머스social commerce가 급성장하고 있다. 오늘날 대한민국의 소비자는 말 그대로 '쇼핑의 천국' 시대에 살고 있다.

한편 대중은 언론을 통해 '올해의 대한민국 브랜드'라는 수식어가 붙은 기업과 상품을 쉽게 만날 수 있다. 선정된 기업은 대체로 품질이 우수하고 기술이 뛰어나 글로벌 시장에서도 경쟁력이 높다고 평가받는 우수 브랜드들이다. 실제 국내 산업 전반과 서비스 분야의 브랜드 가치를 평가하고 있는 '국가브랜드경쟁력지수National Brand Competitiveness Index(NBCI)'는 사업자들뿐만 아니라 소비자들이 소비를 선택하는 과정에도 영향을 미친다.[1] 특히 국가브랜드경쟁력지수는 대중이 어떤 브랜드의 상품을 선호하고 있는가를 확인할 수 있는 지표가 되기도 한다.

NBCI의 데이터에 의하면, 2004년 비내구재 영역에서는 남성 정장 구두(금강제화), 담배(에쎄), 맥주(하이트), 약주(백세주), 여성용 화장품(아이오페)이 상위 5위를 차지했다. 하지만 2013년 자료를 보면 1위가 고급 캐주얼(빈폴)과 남성 정장(갤럭시)이며 구두(금강제화), 담배(에쎄)와 등산용품(노스페이스)이 상위 5위에

---

1) 국가브랜드경쟁력지수 현황 참고. http://www.brand.or.kr/nbci/nbci.yearly.ranking.3.list.asp

있다. 그 밖에 10위권 안에는 라면(신라면), 마시는 발효유(윌),
맥주(카스), 밀폐용기(락앤락), 생수(제주삼다수), 여성용 화장품
(설화수), 우유(서울우유) 등이 있다. 지난 10년 사이 우리 국민이
선호하는 소비의 대상은 분명히 변했다. 고급스러운 것을 선호
하고 소비하는 성향이 자연스럽게 된 오늘날, 한국 사회에서는
이제 이러한 제품을 소위 '명품Luxury goods'이라 부르고 있다. 과
거 가격과 실용성을 고려해 저렴하면서도 질이 좋은 물건을 소
비하던 대중의 소비 심리가 이제 좀 더 특별하고 희소한 것을 선
호하는 경향으로 변화한 것이다.

여성과 소비

보통 필요 이상으로 소비하는 행위를 '과소비過消費'라고 한다.
과소비가 향락 풍조를 부추기기 때문에 사회에서 추방 혹은 방
지되어야 한다는 캠페인이 있던 시절에는 여성의 소비 현상이
언론을 통해 심각한 사회문제로 보도되기도 했다. 이는 여성들
이 생활필수품이라고 보기 어려운 화장품, 보석, 액세서리, 가
방, 신발, 옷 같은 물건을 주체적으로, 그것도 과도하게 소비하
는 것이 문제라는 식으로 프레이밍되곤 했다. 가부장적 유교문
화의 남성 중심적 한국 사회, 특히 여성에 대해 더욱 엄격하고
보수적인 사회 분위기를 고려한다면, 주부가 가정 경제에 직접

적으로 필요하지 않은 물건을 소비하는 것은 사치로 보일 수밖에 없다.

사실 해방 직후 한국 전쟁까지 겪으면서 빠른 시간 압축적 경제성장을 이루었던 근대화 시절에도, 여성은 서구 사회에서와 같이 경제 발전을 위한 산업 인력이 아니라 주부로서 육아와 가사를 책임지면서 경제활동을 하는 남편의 뒷바라지를 하는 것이 미덕으로 여겨졌다. 그리고 '여성은 가정을 지켜야 한다'는 통념은 21세기에 와서도 변하지 않는 진리가 되고 있다. 최근 고학력 전문직이나 고소득 직업을 가진 여성이 늘어나고 있지만, 여성은 아내와 어머니가 되는 순간 소비의 영역에서도 엄격한 이중적 잣대로 평가받게 된다. 한국 사회에서 여성이라는 이름과 정체성을 둘러싼 사회의 기대치와 눈높이는 서구 사회의 그것과 상당히 다르다. 여성으로서, 어머니로서, 아내로서, 또 며느리로서 그러한 언어적 정체성에 상응하는 소비 행위를 보여주어야 한다는 것이 한국 사회의 여성과 여성의 소비에 대한 오래된 믿음이었다.

그리고 이러한 고정관념은 여성의 사회 진출이 활발해지고 한국 사회가 후기 산업사회로 접어든 1980년대 후반에도 다양한 매체를 통해 찾아볼 수 있다. 예컨대 아무리 사회생활을 하는 여성일지라도 늘 근검절약하거나 소비에서 모범이 되어야 하며, 가사와 육아를 동시에 척척 잘해내야 한다는 슈퍼우먼의 이미지가 미디어를 통해 확대 재생산되기도 했다. 한 예로 1980년대 후반부터 영화, 드라마, CF 등 다양한 분야에서 종횡무진 활약했던 최진실은 1988년 TV 광고에서 "남자는 여자 하기 나름이에요"라는 광고 카피로 유명해졌다. 당시 광고 속 최진실의 이미지는 똑똑하고 사랑스러운 아내로 가족과 남편을 위해 최신형 비디오테이프리코더(VTR)를 구매할 줄 아는, 그야말로 '센스' 있는 젊은 여성이었다.

사실 이 광고는 당시 최첨단 뉴미디어라 할 수 있는 개인용 VTR을 가지고 싶어 했던 남성 소비자들을 겨냥한 것으로, 많은 미혼 남성들이 CF 속 '최진실 같은 아내'를 동경하는 계기가 되기도 했다. 물론 여기에는 1988년 서울올림픽으로 많은 가정이 컬러텔레비전을 구입하면서 진화된 미디어 경험이 한몫을 했다. 가구마다 텔레비전이라는 혁명적 대중매체가 보급되었고, 누구나 원한다면 홈 비디오를 촬영하거나 방송을 녹화할 수 있게 되었다. 이처럼 비약적으로 발전한 매체의 소비에서도 여성은 늘 자기 자신이 아닌 '누군가를 위해' 소비해야 한다는 함의가 광고에 담겨 있다. 즉, 시대가 변해도 여성은 커리어 우먼으로서의 삶보다 가족을 위해 헌신하는 삶이 더 아름답다는 식의 메시지가 미디어를 통해 확대 재생산되어 왔다고 볼 수 있는 것이다.

사실 여성의 소비에 대한 편견은 한국 사회뿐 아니라, 시대와 사회를 초월한 공통점이 있다. 가정 살림을 도맡았던 여성의 일상과 소비 행위는 일찍이 광고시장에서 주목한 현상 가운데 하나였다. 예를 들어 미국에서 1920년대 후반 소비자의 젠더적 특성은 시청률을 신경 쓰는 광고주나 방송인에게 아주 중요했다. 특히 낮 시간대 프로그램은 여성이 집안일을 하면서 토크쇼와 연속극을 볼 수 있도록 구성되었는데, 당시 에피소드가 시리즈로 제공되는 연속극(Soap Opera)을 제작했던 NBC나 CBS가 비누 회사와 계약을 맺으면서, 비누 광고는 주로 여성 시청자를 겨냥했던 것이다. 이후 미국이 대공황을 겪으면서 집 밖에서 일하는 여성이 늘었지만 여전히 가사와 육아가 여성의 몫이라는 고정관념을 바꾸기는 쉽지 않았고, 비누(soap)와 오페라(opera)의 합성어로 탄생한 소프오페라, 즉 일일 연속극은 여성들의 평범한 일상을 지속적으로 재현하고 있다(미핸, 2009: 305~306).

서구에서는 기술의 발달과 사회문화적 배경의 차이로 한국보다 일찍 고등교육을 받는 여성이 늘어나면서 여성의 정치와 사회 참여 또한 활발해졌다. 이들은 남성의 전유물이었던 사회생활을 경험하며, 임노동자로서 능동적이고 당당하게 소비를 결정하는 주체가 되었다. 그리고 많은 여성은 가사 노동 시간을 효과적으로 단축시켜줄 뿐 아니라 노동의 강도를 경감시켜줄 물건이 필요했다. 그러자 세제와 캔 혹은 냉동식품, 세탁기, 냉장고, 전자레인지, 오븐, 전기 주전자 같은 생활 가전제품 시장이 급성장했다. 하지만 여전히 많은 여성이 자신 있게 소비를 결정하거나 주장할 수 있는 영역은 역시 가정을 위한 경우가 대부분이다. 벽지, 커튼, 쿠션, 이불, 소파, 주방기기, 생활용품, 액세서리 등 집을 가꾸는 데 필요한 물건들이 여성 소비의 전유물이거나 주종을 이루고 있다.

반면 여성은 자신의 노동에 대한 보상심리로 자신을 위로할 수 있을 만한 고가의 사치품을 소비하기도 한다. 한국 사회의 경우 기혼 여성들은 명절이면 가사노동에 대한 부담감과 피로감이 배가되는데, 이는 일종의 '명절증후군'으로 연결되는 경우가 많다. 핵가족화 시대의 바쁜 도시생활을 하는 여성들은 명절이 되면 시집과 친정을 오가며 평소 신경 쓰지 않던 정신적·육체적 노동을 해야 하기 때문에 얻는 일종의 스트레스인데, 최근에는 명절증후군 효과를 노린 힐링 상품이 인기를 얻고 있다. 누군가를 위해 알뜰 소비를 했던 주부들에게 이제 모피 코트, 명품 핸드백, 손목시계, 귀금속, 화장품, 안마의자, 홍삼, 다이어트 식품 등을 소비할 것을 사회가 권하고 있는 것이다. 실제 대부분의 텔레비전 홈쇼핑 채널은 명절 직후 명절증후군을 치유하는 힐링 상품을 집중적으로 편성한다. 일례로 현대홈쇼핑은 명절 특집 방송 매출이 평소보다 37% 높았고, GS숍은 2014년 설날의 주문 금액이 2013년 설날보다 10% 많았다고 한다(≪파이낸셜투데이≫, 2014.9.16).2) 이를 위해 다음과 같은 메시지를 설득력 있게 동원한다. "명절 직후에는 명절 동안 수고한 아내와 엄마를 위한 선

물이 필요하다", "(힘든 명절을 보낸) 당신은 이런 고가의 특별한
선물을 받을 자격이 있다"라고.

소비 권하는 사회

요즘 '나를 위한 선물'이라며, 오직 자신을 위해서 소비하는
것이 유행이라고 한다. 여기서 말하는 선물은 평소 선뜻 소비하
기 쉽지 않은 고가의 아이템, 즉 명품을 의미한다. 필요에 의해
필요한 만큼 소비해야 한다는 부담감을 벗어버리고, 힘들게 노
동을 팔면서 수고한 나 자신을 위로하는 의미에서의 소비가 필
요하다는 인식의 전환이 생겼다는 것이다. 그야말로 별 죄책감
없이 과소비를 합리화하는 이런 논리는 신자유주의 시대의 경쟁
논리와 모든 사회적인 것의 개인화된 해법을 '자연스럽게 하거
나' 정당화하는 역할을 한다.

그런데 이러한 논리는 고가의 명품을 구입할 수 있는 재력가
보다는, 현재의 팍팍한 삶에 변화가 필요하거나 신분 상승을 꿈
꾸는 중산층에게 더 매력적으로 보일 수 있다. 열심히 일한 노동
의 대가가 정당하게 평가받고 보상받았는지 '묻지도 따지지도

---

2) 1995년 국내 첫 홈쇼핑이 시작한 이래, TV 홈쇼핑은 백화점, 대형마트와
    함께 주요 유통채널의 하나가 되었고, 2013년 기준으로 약 9조 원의 국내
    시장규모가 형성되어 있다(≪동아일보≫, 2014.3.29).

말고', 그저 손에 쥔 돈을 소비하고 또 소비해야 비로소 내가 동경하는 타자처럼 보일 수 있다는 환영에 빠져 살도록 끊임없이 유혹하는 듯하다. 실제 필자가 진행한 인터뷰 중, 자신을 쇼퍼홀릭shopper holic이라 생각하는 여성들 중에는 자신의 임금과 수입을 비현실적으로 인식하는 경우가 많았다. 가령 이들 중 대부분이 '나를 위한 선물'을 위해 신용카드 할부, 현금서비스, 혹은 대출을 이용했고, 이러한 씀씀이는 본인의 수입을 훌쩍 넘어선 경우가 많음을 알 수 있었다.

최근 방송에서 여성에게만 대출을 해주겠다는 대출업체 광고의 경쟁이 치열하다. 여성 대출 고객을 유치하기 위해 대출업체들끼리 경쟁을 하는 형국이다. 한 대출 광고에서는 "갑자기 대출이 필요해. 남편도 친정도 몰라요. 참 걱정이네"라고 노래를 부르면서, 남편도 친정도 모르는 빚이 있을 때는 여성 전용 대출 서비스를 받으라고 광고한다.[3] 남편도 친정도 모르는 빚을 빚으로 갚으라는 난센스가 버젓이 텔레비전에서 전파를 타고 있는 것이다. 한 예로 2005년 언론 기사를 보면, 고금리의 대출업체를 이용하는 20대 여성이 늘고 있는데, 이들 중 80%가 다른 빚을 갚기 위해 돈을 빌린다고 했다. 그리고 채무자의 단 25%만이 생계를 목적으로 돈을 빌리고 있을 뿐, 대부분의 여성이 과도한

---

3) 핑크머니 대출 광고 〈남편도 친정도 몰라요〉 편. http://www.youtube.com/watch?v=i1GQG_kIfe8

소비를 감당하지 못해 다시 빚을 지고 있다(≪조선닷컴≫, 2005. 4.28). 이후 10년이 지났지만 여성들이 가족에게도 이야기하지 못하는 빚이 있다는 전제에서 여성 전용 대출 광고가 성행하는 것은 상황이 바뀌지 않았음을 보여준다. 그렇다면 왜 여성들은 과소비를 하게 되는 것일까? 비현실적이고 사치를 일삼는다는 비판을 받으면서도 소비를 줄이지 못하는 그들에겐 도대체 어떤 숨겨진 이야기가 있는 것일까?

본래 '사치품奢侈品'은 고소득의 일부 소비 계층을 겨냥해 값비 싼 재료를 사용하고 적은 물량으로 고급스럽게 만들어낸 희소한 상품을 의미한다. 사치품은 주로 대저택, 고급빌라, 고급 아파트 등의 부동산을 포함해 가구, 자동차, 요트, 보석, 의류, 시계 등 의 상품, 그리고 고급 호텔, 음식점 같은 서비스 상품에 치중되 어 있다(위키백과, 2014.8.15 검색). 그런데 상위 1%의 부자들을 위해 특별히 제작된 제품들을 욕망하는 99%의 대중은 모조품 혹은 가짜의 속어인 '짝퉁'4)을, 즉 그것이 비록 가짜일지라도 사

---

4) 명품 모조품을 의미하는 용어에는 '짝퉁', '위조품', '불법 복제품', '이미테 이션', '모방품' 등이 있다. '짝퉁'은 2001년 국립국어연구원에서 발표한 바에 따르면 '모조를 속되게 이르는 말로 젊은이들의 유행어'라는 뜻을 가 진 신조어인데, 진품이 아니지만 진품과 유사한 제품을 일컫는 가장 보편 적인 용어이다. 전문적 용어인 '위조품'은 불법 복제품으로 진품의 상표 권을 침해하는 제품으로, 매우 정교하게 만들어진 위조품의 경우 진품이 라고 속이고 유통·판매되기도 해서 소비자가 피해를 당할 수 있다. 그리 고 '모조품'은 진품과 유사한 복제품으로 의장권(일종의 제품 소유권)을

치품의 느낌을 주는 물건을 갖고 싶어 한다. 대중의 이러한 과시 소비 욕망이 사라지지 않는 한, 법망을 피해 음지에서 모조품을 제조·유통하는 범죄는 사라지지 않을 것이다. 실제 정품을 기준으로 했을 때 시가로 몇 백 억 원이 넘는 양의 짝퉁 명품을 만들어 유통하다가 적발된 사건을 뉴스에서 종종 접하게 된다. 국내의 젊은 여성들이 좋아하는 L사와 C사의 지갑, 가방, 신발의 정교한 모조품은 정품을 판매하는 매장 직원도 식별이 어려울 정도라고 한다. 그래서 한 방송 프로그램에서는 명품 가방이 진품인지 모조품인지를 누가 더 정확하게 빨리 가려내는지 겨루는 일명 '명품 구별의 달인'을 선발하는 웃지 못할 테스트를 하는 프로그램이 방영되기도 했다(SBS, 2012.9.5). 달인들마저 긴장하며 진품과 모조품의 미세한 차이를 알아내는 데 공을 들였고, 인기 상품인 경우 모조품을 알아볼 수 있는 방법을 마치 상식인 것처럼 자세히 설명을 해주기도 했다. 물론 여성의 소비가 기껏해야 사치품을 사는 일이라는 성급한 일반화의 오류는 피해야 마땅하다. 그럼에도 우리 주변에서 접하는 미디어는 오늘도 여성들에게 끊임없이 '사치품'을 소비하라고 권하고 있다. 특히 젊은 여성

침해한다. 정품과 유사한 상표나 훼손된 상표를 부착하거나, 혹은 상표를 부착하지 않은 상태로 유통된다. 마지막으로 '모방품'은 정품의 디자인과 기능을 참고해 개발한 새롭고 혁신적인 제품을 말한다(박정희, 2004; 나종연 외, 2010: 274~275).

들을 상대로 소비의 즐거움을 미화하며 과소비 욕망을 자극하고 있는 것이다.

최근 과소비하는 여성들이 소비 욕망을 충족시키는 과정에서 극복해야 하는 문제적 현상들이 언론을 통해 보도되고 있다. 예를 들어 미국에서는 경제적으로 도움이 필요한 슈거베이비Sugar Baby와 젊은 여성을 목적에 따라 한시적으로 빌리는 슈거대디 Sugar Daddy를 알선해주는 온라인 사이트가 생겼다고 한다. 고액의 대학 등록금에 부담을 안고 있는 여대생들이 임금이 낮은 아르바이트로는 그 비용을 감당할 수 없는 현실에서, 월스트리트 금융전문가, 변호사, 성공한 기업가 같은 중년의 성공한 전문직 남성을 만나 데이트를 하고 그 대가를 받게 되는 거래가 이루어지는 것이다. 슈거대디와의 만남은 슈거베이비에게는 경제적 보상이 크기 때문에, 여기에서 개인의 도덕적 양심이나 사회적 책무 같은 문제는 그리 중요하지 않다(SBS, 2012.1.16).

하지만 고액의 학비와 학자금 융자 상환에 대한 부담, 그리고 개인의 과도하며 절제하기 힘든 소비 욕구를 충족시키기 위해 슈거베이비를 자청하는 젊은 여성들 혹은 여대생들에 관한 이야기는 미국 사회뿐만 아니라, 한국 사회를 비롯한 어느 자본주의 사회에서나 발견되는 우려스러운 징후이다. 그렇다면 과연 이들은 누구일까?

전후 미국의 10대 여성과 시장을 연구한 안젤라 레코드Angela

R. Record는 문화적 텍스트와 관행을 생산의 지점에 연결하고, 그러한 것을 생산해내는 역사적 조건을 분석하기로 유명했다(레코드, 2009: 256). 레코드는 10대 시장이 출현한 전후 자본주의의 변화를 이해하기 위해서는 새롭게 등장한 '소비자-부채' 사회의 이동을 연구할 필요가 있음을 지적하고 있다. 예컨대 제2차 세계대전 이후 미국 사회는 물질적 성공을 개인의 행복지표로 규정하는 수사를 대중문화에서 확대하기 시작했다. 그리고 '소유 대신 렌트rent-to-own'라는 수사에는 구매는 당장 하고 지불은 나중에 하도록 소비자를 유도하는 전략이 담겨 있다. 결국 소비자는 자신의 욕망을 즉각적으로 채울 수 있지만, 그 대가로 부채, 즉 빚을 피할 수 없게 된다. 또한 금융 비즈니스에서 선보인 '직불', '할부', '대출'이라는 도구들은 소비자들이 이러한 자본주의적 삶의 방식을 수용하고 내면화하는 데 중요한 촉매제 역할을 했다고 해도 과언이 아닐 것이다.

그런데 미국 사회에서 1940년대 말 이후 나타난 소비주의와 이러한 이데올로기의 확산은 반세기를 넘어선 지금도 현재진행형인 현상이다. 정확히 말하면 이러한 믿음은 국경을 초월한 전 지구적 현상이자 주류 이데올로기, 혹은 일상적 삶의 방식으로 자리 잡게 되었다. 즉 "지금 사고, 나중에 지불하라Buy now, pay later"라는 욕망을 강화하는 이데올로기는 전후 풍요로운 경제와 대중문화를 즐길 수 있게 된 젊은 세대에서 더욱 심화되고 있다.

경제 시장에서 이들은 언제부터 주목을 받기 시작했을까? 1920 년대부터 미국 젊은이들의 행태를 연구한 폴라 파스Paula S. Fass 는 전후 등장한 10대 소비문화에서 흥미로운 특징을 찾아냈다 (Fass, 1977). 첫째는 10대 소비의 규모가 빠르게 성장하고 있다는 것이다. 둘째, 10대는 돈을 자유롭게 또 자주 쓰고 있으며, 이들은 가정 지출에 결정적인 영향을 미치고 있다. 그렇기 때문에 10대가 선호하는 제품의 판매자, 광고주, 나아가 미디어는 이들의 소비 심리를 이용하고 있다. 10대들이 영화와 음료, 음반, 스포츠용품, 셔츠, 신발, 장신구를 부모의 결정에 영향을 받지 않고 스스로 구매하면서 엄청난 소비를 하기 시작한 것이다. 1950 년대 미국의 이러한 현상을 목도한 데이비드 리스먼David Riseman 은 중산층 미국 청년을 '소비자 훈련생'이라고 부르기도 했다.

그렇다면 근대화와 산업화 과정을 미국보다 늦게 경험한 한국의 경우, 노동시장에서 경쟁력이 없고, 생산 경쟁에서도 열악한 10대가 어떻게 소비문화의 주요 세대로 떠오를 수 있었을까 하는 의문이 생긴다. 한국의 10대들은 대체로 인터넷이 등장하기 전 아날로그적 감성의 사회를 경험하지 못했다. 이들은 별도의 전문적 교육 없이도 자연스럽게 인터넷으로 쇼핑을 하고, 각종 정보와 뉴스를 접하며, 개인용 대화를 하면서 음악을 듣거나 자료를 검색·수집·편집하는 놀이를 하고 있다. 실제 2014년 한국의 10대 소비자를 분석한 자료에 의하면, 그들은 주로 학교 성적이나 대학 진학에 관련해 고민하고 있는데, 성별로 비교했을 때 남성의 50%가 여가에 주로 게임을 하며, 여성은 TV를 시청한다. 그리고 10대가 20~30대에 비해 게임을 하는 시간도 많지만, 독서를 하는 시간도 전 연령층 중에서 가장 많다. 하지만 개인적 취미나 인문학적 교양을 쌓기 위한 독서가 아니라 입시 준비를 해야 하는 시기라서 필요한 독서를 하는 경우가 대다수이다.

흥미롭게도 10대들의 인터넷 쇼핑은 최근 꾸준히 증가하는데 이들은 월평균 3만~4만 원을 화장품, 의류, 액세서리나 음악, 게임, 같은 유료 콘텐츠를 소비하는 데 사용하고 있다. 이들은 유명 연예인이 나오는 광고나 재미있는 광고를 선호하지만, 모바일의 인터넷 데이터 사용이 제한적인 경우가 많기 때문에 무선 인터넷으로 카카오톡, 라인, 네이트온 같은 무료 메신저와 게임을 즐기면서 또래문화를 형성해가고 있다(메조미디어, 2014.7). 특히 여학생들은 외모에 관심이 많아 온라인으로 상품을 구경하며 눈요기를 한다. 이들은 낮은 경제력 때문에 당장 구매를 하지 못하더라도 자신이 원하는 패션과 외모를 동경하고, 이를 모방하는 데 인터넷은 중요한 매개체가 된다.

10대의 소비 행태를 이해하기 위해서도 전술한 정치경제학적이며 페미니즘적인 관점은 유용하다. 우선 정치경제학적 접근에서는 전후 미국에서 폭발적으로 확산된 10대의 소비문화에서 중산층 가정의 부모가 자녀를 위해 소비할 수 있는 소득과 산업의 구조적 팽창에 관심을 가진다. 가정의 소비 중 일부가 10대 자녀의 결정을 따를 수 있을 만큼 경제력이 향상되었고, 소비문화는 중산층의 일상생활이자 상징이기도 했다. 비록 지불은 부모가 하지만, 10대들은 매일 쏟아져 나오는 매스미디어와 광고에 노출되면서 소비의 욕망을 자연스럽게 키울 수 있었고, 자본주의 소비 이데올로기에 순응하면서 어떤 신발을 사고 점퍼를 살지, 어떤 레코드, 장식품, 스포츠용품, 학용품을 살지 적극적으로 의사를 표현한 것이다. 모든 것이 풍요롭게만 보였던 산업사회는 소비할 제품이 귀했던 시절과 달리, 이제 무엇을 구매해야 할지 행복한 고민을 해야 하는 시대를 맞이했다.

한편 페미니즘적 관점에서 볼 때, 대중문화는 '이상적 여성의 이데올로기'를 생산하면서 여성을 쉽게 규정한다. 예컨대 1950년대 미국의 이상적 여성은 스스로 가정 지향적인 생활을 하는 것을 찬양했다(Weibel, 1977). 대중매체는 여성을 '가정주부이자 소극적이고 건강하며 예쁜 존재'로 묘사하면서, 여성 스스로가 소비를 해야 완벽한 여성이 될 수 있다는 착각에 빠지도록 주류 담론을 만들어간 것이다. ≪세븐틴Seventeen≫이라는 10대 여성들을 위한 잡지를 연구한 에런 코헨Aaron Cohen에 따르면, 당시 잡지는 10대들이 어떻게 하면 아내, 어머니, 주부로서의 역할을 잘할 수 있는가에 초점을 두고 있었다. 여성이 가정의 울타리에 있다는 것은 축복이라는 생각을 들게 했던 그 잡지의 광고는 여성들이 가장 많이 소비해야 할 품목도 친절히 알려주었는데, 당시 10대 여성들의 구매에서 가장 많은 지출을 차지했던 의상, 화장품, 화장실용품, 립스틱, 방향제, 살림용품의 제조사들은 그들의 주요 광고주이기도 했다. 그뿐만 아니라 10대 여성이 속옷과 스타킹을 구매하도록 유도하는 광고는 당시 여성이 숙녀로 거듭나는 데 필수 아이템이라는 이데올로기를 확산시키기에 적절한 비즈니스였다.

국산 저가 화장품이 한류를 타고 해외 소비자들에게 인기를 얻으면서, 국내에서도 한류 스타의 주요 팬 층인 10대를 겨냥한 화장품이 쏟아져 나오고 있다. 10대들은 1950년대 미국의 소녀들이 그랬듯이 다이어트를 해야 하나 고민하고, 몸매와 옷맵시를 걱정하면서 자신을 매력적으로 보이게 할 손톱 모양, 치열, 헤어스타일, 액세서리, 방향제, 장신구, 신발, 가방, 화장품을 고민하고 있다. 10대의 소비를 부추기는 이러한 이데올로기와 사회적 담론을 누가, 어떤 목적으로 확대 재생산하고 있는가 하는 논의는 실종되어 버렸다. 단지 유년에서 성년으로 가는 10대들이 더 많이 소비하면 그만인 시장경제적 이데올로기가 우리 사회를 지배하고 있고, 이는 오늘도 많은 여성들에게 과잉 소비의 환상을 심어주고 있다.[5]

---

5) 국내 화장품 시장은 전통적으로 미국, 유럽, 일본에서 수입한 해외 브랜드가 강세를 보여왔다. 하지만 2006년 이후 중국에서 기존에 강세를 보

소비 행위의 진화

세계적인 IT 강국, 그중에서도 인터넷 이용이 가장 빠르고 용이한 곳으로 알려진 한국은 1997년 금융경제 위기를 겪은 후 한층 업그레이드된 소비 대중문화를 향유하게 된다. 이러한 변화는 바로 '된장녀', '귀족녀'의 탄생으로 상징적으로 설명될 수 있다. 우선 글로벌 커피 브랜드숍들이 급속도로 확산되기 시작한 2000년, 한국 사회에서 여성을 특정한 방식으로 호명하던 최대 유행어는 '된장녀'였다. 모 여성 연예인이 TV에 출현해 비싼 레스토랑에서 식사하고 계산할 때 할인카드 내미는 남자는 분위기를 깬다는 발언을 한 것을 두고 온라인에서 익명의 네티즌이 남긴 단어가 시초였다고 한다. 이후 '된장녀'라는 호칭은 스스로의 능력으로 소비 활동을 하지 않고 애인, 남자, 가족 등 타인에게 의존하면서 비싼 수입 명품을 소비하며 허영을 즐기는 여성을 지칭하게 되었다. 그리고 2005년 한 주간지에서 미국의 대표적 글로벌 커피 브랜드인 스타벅스에 빠진 20~30대 한국 여성을 기

였던 프랑스, 일본, 미국산 화장품보다 한국의 화장품 수입이 급증하면서 국내 화장품 사업자들은 다양한 연령층의 국내외 소비자를 겨냥해 기초, 기능성, 색조 화장품 제품 개발과 마케팅, 홍보에 적극적으로 나서고 있다. 화장품 산업은 바이오기술 산업과 기술 및 성분, 마케팅이 집약되어야 하는 하이테크 산업으로 패션, 미용, 관광 비즈니스와 동반성장할 수 있는 미래 고부가가치 산업으로 전망했다(삼성경제연구소, 2012).

사로 다룬 이후, 된장녀는 한국 사회에서 공공의 적이 되었다. 이러한 현상은 흔히 말하는 개념과 상식, 체면을 모르는 여성에 대한 누리꾼들의 공격으로 가시화되었다. 일례로 지하철에서 애완견의 배설물을 치우지 않은 여성, 대학 화장실 청소 아주머니와 택시 운전기사에게 막말과 폭행을 서슴지 않는 여성들이 얼굴 사진과 신상명세가 누리꾼들에 의해 인터넷에 공개되고 언론에 회자되면서 더욱 심각하게 번져나갔다.[6] 일부 누리꾼은 된장녀들에게 욕설을 하면서 분풀이를 했고, 이들의 사적 영역까지도 서슴없이 침해하며 비난하기도 했다. 그 결과로 불확실한 출처의 소문과 조작된 동영상 등이 검증을 거치지도 않고 퍼지면서 모욕과 비방으로 온라인상에서 표출되고, 오해를 둘러싼 갈등과 분쟁이 증폭되는 사태로까지 발전했다.[7]

하지만 돈, 외모, 사회적 지위를 갖춘 소위 '백마 탄 왕자'를 만나기 위해 남들의 눈에 띄는 명품을 선호하는 된장녀의 허영은 많은 드라마 속에서는 악녀나 신데렐라를 불문하고 크게 다르지 않아 보인다. 이는 남자를 이용해서 신분 상승을 한 여주인공이건, 경영 수업을 받는 대주주의 자녀이건, 고액 연봉을 받는 대

---

6) 네티즌(또는 누리꾼)은 된장녀를 혐오하지만, 커리어우먼은 동경의 대상이므로 양자를 구분하려는 듯하다.

7) 네티즌은 지하철에서 애완견의 변을 치우지 않은 여성을 '개똥녀'라는 별명을 지어 불렀다.

기업 여성 임원이건, 성공한 여성을 상징하는 데 여전히 명품 가방과 의상, 액세서리가 평범한 사람들 또는 대중과 '구별짓기'에 가장 효과적인 아이템이기 때문이다. 이러한 구별짓기는 자본주의 시장경제에서 남성과 여성을 동등한 소비의 주체로 인식하는 듯하면서 또 차별하기도 해 혼란스럽다. 그렇다면 이처럼 소비를 통해 구별짓기를 할 수 있는 유용한 매개체는 무엇인가. 우리는 가장 먼저 브랜드를 떠올린다. 된장녀가 좋아하는 XX 브랜드 가방, 여배우가 즐겨 입는 XX 브랜드 코트 등 브랜드는 그렇게 소비하기 이전부터 가치가 매겨진 것처럼 물건의 사용가치로 품질이나 가치를 평가받는 것이라기보다, 이미지나 상징 또는 사회적 인식이라는 가치에 의해 인정을 받을 개연성이 크다.

프랑스의 사회철학자 피에르 부르디외Pierre Bourdieu가 문화를 분석하면서 소개한 '구별짓기'란 개념에 따르면 사회적 행위자들은 모두 특정한 취향taste을 가지고 있고, 이러한 취향의 문제로 복잡한 계급관계를 설명할 수 있다(부르디외, 2005). 왜냐하면 부르디외는 주관적인 개인의 성향 체계를 '아비투스habitus'라고 부르며, 이의 생성과 작동 방식은 개인이 사회공간 내에서 점유하는 계급적 위치에 따라서 다르게 결정된다고 보았다. 다시 말해, 개인의 주관적 선택이라 할 수 있는 문화적 취향은 경제적 능력과 밀접하게 연관되어 있고, 이런 개인의 취향은 사회적 정체성을 견고히 하고 있어 일상에서 특정 계급의 행위로 볼 수 있다는 것이다. 부르디외의 개념을 적용해 한국의 상황을 해석한다면, 사람들은 된장녀를 비난하지만 한편으론 그녀가 품은 욕망이나 커리어우먼을 닮고자 하는 된장녀에게 공감하기도 한다. 그 이유는 아마도 현실 세계의 고착화된 계급을 부정하거나 전복하고자 하는 한국 사회의 응어리진 집단 무의식의 표출이 아닐까. 하지만 허영은 취향과 구분되어야 하고, 이런 문맥에서 여성의 소비 행위가 한국 사회에서 중요한 상징자본symbolic capital이 되고 있는 현실의 문제를 지적해야 한다.

디지털 시대에 진입한 지금, 동서양은 물론 선진국과 후진국을 구분할 것 없이 디지털 기술과 미디어가 발전함에 따라, 이로 인한 소비의 정경도 빠르게 진화하고 있다. 무엇보다 소비의 주도권이 생산자에서 소비자로 넘어온 상황을 쉽게 목격할 수 있다. 예컨대 여성 소비자들은 광고에 의존하지 않고 스스로 좋은 제품을 선별하고자 하며, 생산 과정에 적극적으로 개입하면서 의견을 제시하고, 또 좋아하는 아이템을 홍보하기도 한다. 2014년 소비자 트렌드 보고서에서는 빠르게 변화하고 있는 여성 소비자의 진화하는 모습을 볼 수 있다. 예를 들어 마담슈머madam sumer는 오프라인뿐 아니라 온라인에서도 제품에 대한 개인적 경험과 의견을 나누는 사람들로, 2000년 중반부터 일부 기업에서는 마담슈머의 파워를 인식해 '주부모니터단'을 운영하고 있다.

최근 노트북, 태블릿, 스마트폰 같은 고가의 전자제품 소비가 성별의 구분이 없이 확산되면서 트라이슈머trysumer가 등장했다. 이는 체험적 소비자를 뜻하는 말로, 이들은 기업이 주는 광고에 의존하기보다 새로운 서비스, 제품을 직접 경험하고자 하는 특성을 지니고 있다. 이에 따라 최근 기업에서는 이들의 욕구를 충족시켜주기 위해 체험 공간으로서의 플래그십 스토어를 운영하고 있다. 특히 고가의 전자제품을 구매하기 전에 직접 체험해보고 구매하려는 트라이슈머의 소비 취향을 고려해 애플은 '애플스토어', 삼성은 '삼성모바일존'을 운영하고 있으며, 화장품 업종은 테스트 샘플을 제공하고 있다.

여기서 더 진화한 크리슈머cresumer는 일반 제품을 자신의 취향에 맞춰 새롭게 만들어내는 소비자를 뜻한다. 이들은 소비는 물론 제품 생산과 판매에 직접 관여하면서 제품의 생산부터 유통 단계까지 소비자의 권리를 적극적으로 행사한다. 미래학자 앨빈 토플러Alvin Toffler가 『제3의 물결』(1980)에서 예견했던 생산자와 소비자 간의 경계가 허물어져 버린 세상이 도래한 것이다. 크리슈머는 신제품 개발에 참여하는 적극적인 유형과, 제품에 대한 정보 정도를 공유하는 유형, 그리고 DIY(Do It Yourself) 유형으로 구분되는데, 최근 프로슈머prosumer 마케팅은 신제품 개발 참가형에 초점을 두고 있다고 한다. 이 밖에도 제품에 의심되는 점이 있으면 이를 검증하고 기업에 건의해서 제품 개발에 영향을 주기도 하며, 나아가 제품의 홍보까지 하는 이른바 가이드

〈그림 3.1〉 여성 소비자의 진화 단계

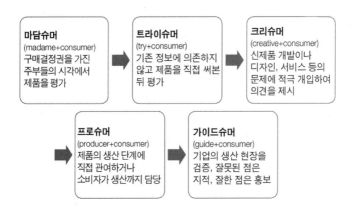

자료: http://www.slideshare.net/girujang/keyword-2014-dmc201504

슈머guidesumer도 있다. 이처럼 소비문화가 빠르게 변화하는 시대에 제품의 생산자들, 즉 기업이 소비자와 협력하는 마케팅 전략을 활용하는 것 또한 자연스러운 추세이다.

한편 최근 나타나는 흥미로운 현상은 해외에서 판매되는 물품을 온라인상에서 직접 구매(보통 '직구'라 줄여 부른다)하는 소비자가 급증한 것이다. 인터넷 같은 정보기술의 발전 덕분에 소비자들은 국경을 넘어 다른 나라의 다양한 제품 정보를 실시간으로 확인할 수 있게 되었다. 그리고 직접 구매하는 절차도 간소화되면서 한국 소비자들에게 직구는 상당한 인기를 얻고 있다. 실제 해외 직구 규모는 2013년 1조 950억 원으로 2012년 대비 100% 넘게 성장했으며, 2014년에는 1조 6400억 원이 넘을 것으로 전망됐었다.[8] 이처럼 직접 구매가 급성장하게 된 배경에는 같은 제품일 경우 국내에서 사는 것보다 훨씬 싸게 구매할 수 있다는 장점이 있다. 그렇기 때문에 소비자는 선호하는 제품의 정보를 인터넷에서 검색하거나 구매 사이트별 가격을 비교하는 디지털 노마드Digital Nomad적 성향을 보이게 된다.

그런데 이들이 전자제품이나 명품 같은 고가의 제품을 구매할 때는 조금 다른 방식으로 구매를 결정한다. 가령 오프라인에서 제품 디자인과 품질 그리고 모델명을 확인한 후, 온라인에서 좀 더 저렴하게 상품을 구매하는 실속 있는 소비자들이 늘고 있다는 것이다. 특히 냉장고, 텔레비전, 컴퓨터 같은 고가의 전자제품이나 해외 명품이라고 하는 아이템은 쉽게 구매하지 않고, 직접 이용해보거나 이용자들이 웹 사이트에 올린 사용 후기나 평가를 충분히 고려한 후 구매하는 경우가 많다. 게다가 스마트폰이 널리 보급되면서 실시간으로 온라인에 접속해 모바일 앱으로 제품 정보를 신속하게 확인할 수 있게 되었고, 때로는 출퇴근 같은 짧은 이동 시간에 제품에 대한 사전 탐색을 하고, 필요에

---

8) 2010년 해외 직접 구매는 약 350만 건으로 꾸준히 성장하다가, 2013년 1116만 건으로 연평균 47.2%가 증가했다. "급성장한 해외 직구, 4년 후엔 '8조 시장'"(《KBS 뉴스》, 2014.7.6).

따라서는 바로 소액결제를 하는 쇼핑족도 늘고 있는 추세다. 그야말로 소비의 신세계가 열리면서 소비 행위는 일상의 하나로 뿌리내리게 되었고, 이것이 시간과 공간의 제약이나 한계를 넘은 지도 이미 오래전이다.

그런데 직접 구매와 같은 신新소비 행위가 여성, 특히 주부에게 인기를 얻게 된 이유는 앞서 말한 대로 같은 가격으로 양질의 제품을 찾거나, 같은 제품이라고 해도 더 저렴한 가격으로 소비한다는 목적이 있는 것이다. 즉, 내 아이를 위한 장난감, 옷, 우유, 기저귀를 소비하는 데 현명해지고 싶은 욕망은 자연스러운 것이기 때문이다. 물론 이러한 소비 행위의 변화가 여성에게서만 나타나는 현상이라 보기는 어렵다. 하지만 소비할 수 있는 방식이 다양화되면서 간편하면서도 실속을 챙길 수 있는 방법을 찾아 여성이 움직이는 것은 사실이고, 많은 여성은 이러한 변화를 누구보다 반기고 있다. 실제 전문직 여성의 일상을 다룬 최근 연구들은 고소득의 전문 여성 대부분이 업무 시간을 활용해 온라인으로 필요한 물품을 장바구니에 담거나 구매한다는 것을 보여준다. 즉, 육아와 가사, 그리고 직장 일을 병행해야 하는 여성은 일하는 동안에도 홈쇼핑, 온라인, 앱 등 늘어난 소비 정보 창구를 활용해 온라인 사이트에서 필요한 물품을 구입하고, 가격과 제품 정보를 비교하며, 구매하고자 하는 희망 아이템을 온라인 장바구니에 담아두는 것이 일상화되었다(박지영, 2014).

그렇다면 온라인 장바구니는 여성들에게 어떤 의미일까? 인터뷰에 응한 여성들 대부분은 여성에게 위시리스트wish-list와 장바구니basket는 그야말로 희망사항을 물건으로 대신 표현할 수 있는 가장 솔직한 가상공간이라고 말한다. 예를 들어 기혼 여성은 결혼 이후 가사와 육아 그리고 직장생활에 치여 생활하지만, 결혼기념일, 생일 같은 기념일이나 특별한 선물을 받고 싶을 때, 이렇게 온라인상에서 자신만의 희망 바구니를 이용해 심리적인 위안을 얻기도 하고, 남편이 장바구니 속 아이템을 보면서 선물할 수 있는 물건에 대한 가격과 관련 정보를 확인하길 바란다고 이야기한다. 그야말로 21세기에나 볼 수 있는 선물 경제의 새로운 양상이다.

명품 브랜드를 향한 욕망

그렇다면 우리에게 브랜드란 무엇일까? 그리고 명품의 브랜드 가치는 누가 어떻게 정하는 걸까? 1990년대 후반 15년이라는 유학 생활을 마치고 돌아온 지인의 경험담이다. 그가 귀국 후 어느 날 지하철을 타고 이동하는데, 연령대와 상관없이 많은 여성들이 프랑스의 L 명품 가방을 들고, 영국의 B 명품 목도리를 하고 있는 광경을 목격하고 충격을 받았다고 한다. 왜냐하면 L사의 가방과 B사의 목도리를 현지 매장에서 구입할 경우 가격이 얼마인지 알기 때문에, 한국에서 당시 유행하던 특정 회사의 명품 브랜드 상품을 보고 별 의심 없이 국민들의 소득수준이 이렇게 높아졌구나 하고 감탄했다는 것이다. 그의 그런 감탄은 머지않아 한숨으로 바뀌었지만 필자는 다시 의문을 품게 되었다. 왜 한국인들은 그렇게 명품에 집착을 하는 것일까? 정품이 아님에도 유사 모조품을 소비하는 그들의 심리는 무엇일까? 사실 필자가 인터뷰에서 이런 질문을 했을 때 '그 당연한 것을 왜 모르지?' 하는 눈빛과 반응도 많았다.

잘 알려진 명품 브랜드는 사실 해외 브랜드인 경우가 대부분이다. 또한 원산지를 확인해야 제품의 가격과 질에 대한 신뢰가 생기기 때문에, 우리는 마트나 시장에서 찬거리를 살 때처럼 브랜드의 원산지를 확인한다. 명품의 제조국은 과거 제국주의를 거쳐 일찍이 근대 산업화에 성공한 서구 국가들이다. 게다가 제조사의 이름은 하나같이 외국어 일색이라, 제품의 브랜드 이름을 읽기가 더 어렵다. 하지만 이러한 외국 브랜드를 선호하는 소비자들 때문에 국산 제품 또한 어려운 외국어 이름으로 판매하는 것이 상식으로 통하고 있다.

하지만 고급 카페의 다종다양한 커피 이름을 식별하는 것만큼 어려운 명품의 이름은, 밸품을 팔거나 스스로 학습하지 않으면 도통 알 길이 없다. 필자의 경험담도 여기에 해당한다. 유학 생활 당시 유독 명품 브랜드에 관심이 많았던 친구가 어느 날 필

자에게 "나는 부자 남편 만나서 발리에서 살 거야"라고 말한 적
이 있다. 필자는 친구에게 "발리는 신혼여행이면 됐지, 우리나라
를 떠나 살 정도는 아닌데"라고 답변을 했다가 발리의 다른 의미
를 배우게 되었다. 사실 명품은 그야말로 소장의 가치를 아는 사
람들이 특별히 소유하는 아이템이다. 남들에게 과시하고 싶은
문화자본과 상징자본은 명품을 통해 편리하고 손쉽게 구현된다.

명품 핸드백 시장에서는 대부분 영국, 미국, 프랑스, 이탈리아
같은 서구 국가들의 브랜드가 세계를 장악하고 있다. 한국의 명
품 소비는 세계적인 수준이지만, 아직 내로라하는 국산 명품 하
나 없는 상황이다. 그런데 〈표 3.1〉에서 보듯이, 국내에서 판매
되는 해외와 국내 브랜드 핸드백의 이름만으로 국내 브랜드가
어떤 것인지, 해외 브랜드의 경우 어느 국가의 브랜드인지 구별
하기가 쉽지 않다. 〈표 3.1〉은 국내외 대기업과 중소기업에서
생산하거나 수입해 판매하는 핸드백 브랜드를 정리한 것으로,
브랜드 이름만으로는 국내 회사의 제품인지 아닌지 구분하기 어
렵다.[9]

여기에서 명품 소비를 단순히 개인의 허영에 가득 찬 과소비

---

9) 〈부록 4.1〉에서 국내 남성과 여성의 의류, 가방, 신발, 패션 잡화를 제조,
   판매, 유통하는 회사와 브랜드를 정리해보았다. 양적으로는 국내산 브랜
   드가 우세했지만, '명품'이라는 소비 욕구를 충족시켜주는 브랜드라는 측
   면에서 보면 역시 다수의 해외 브랜드가 우위에 있다.

〈표 3.1〉 국내에서 구입 가능한 국내외 핸드백 브랜드들

국내 제조사의 브랜드10)	가파치, 더블엠, 더히, 덱케, 드라이프, 디얼스, 라디체, 라비상, 라빠레뜨, 러브캣, 로치아, 루이까또즈, 루이마르쉐, 리누이, 만다리나덕, 모스트바이라빠레뜨, 몽삭, 바나바나, 백팩커스, 브레라, 브루노말리, 블랙마틴싯봉, 비아모노, 비쿰, 빈치스벤치, 빈폴(BEANPOLE), 쁨므델리, 사피, 세라, 소노비, 스톤아일랜드(STONE ISLAND), 시슬리(sisley-JEMI&F), 아나메종, 안드레아바나, 알파치노, 에스콰이아, MCM, 이루나니, 이헬, 잇츠백, 제이에스티나, 칼린, 쿠론, 쿰, 타니아펜다, 펠레보르사, 폴렌(Pollen), 하비아누, 허스키, 헤지스, 호재, 힐리앤서스(Helianthus)
해외 제조사의 브랜드	겐조(KENZO), 골든 구스(GOLDEN GOOSE), 구찌(GUCCI), 까사데이(CASADEI), 꼼데 가르송(Comme des Garcons), 끌로에(CHLOE), 노비스(NOBIS), 니나리치, 닐바렛(neilbarrett), 닥스, 델시, 돌체앤가바나(DOLCE & GABBANA), 듀베티카(duvetica), 디마, 디스퀘어드2(DSQUARED2), 디아도라 헤리티지(diadora heritage), 라코스테, 란체티, 랑방(LANVIN), 래들리(RADLEY), 럭스버리, 레베카밍코프(Rebecca Minkoff), 레스포색, 롱샴(LONGCHAMP), 루루 기네스(LULU GUINNESS), 릭 오언스(RICK OWENS), 마르셀로 블론(MARCELO BURLON), 마이클 코어스(MICHAEL KORS), 마크 바이 마크 제이콥스(Marc by Marc Jacobs), 마크제이콥스(Marc Jacobs), 막스 앤 모이(MAX&MOI), 멀버리(Mulberry), 메종 마틴 마르지엘라(Maison Martin Margiela), 메트로시티, 몽클레어(Moncler), 미스터 앤 미세스 퍼(Mr&Mrs Furs), 미우미우(MIU MIU), 밀라숀, 발렌시아가(BALENCIAGA), 발렌티노(VALENTINO), 발리(Bally), 발망(BALMAIN), 버버리(Burberry), 베네통, 보테가베네타(BOTTEGA VENETA), 본수이(BONSUI), 브릭스, 사만사 타바사(SAMANTHA THAVASA), 생 로랑(SAINT LAURENT), 셀린느(CELINE), 스텔라 메카트니(Stella McCartney), 쌤소나이트 레드, 씨바이끌로에(SEE BY CHLOE), 아쉬(ASH), 아이딜리틱, 안나리타 엔(ANNARITA N), 알렉산더 왕(ALEXANDER WANG), 알마니 진(ARMANI

JEAN), 앤클라인, 에스티듀퐁(S.T.Dupont), 에트로(ETRO),
엘레강스, 엘르, 오야니, 이자벨마랑(ISABEL MARANT),
자넬라토(ZANELLATO), 지방시(GIVENCHY), 질스튜어트,
찰스앤키스, 치카로카, 캉골, 캐나다구스(Canada Goose),
캘빈클라인(Calvin Klein), 코치(COACH), 크롬하츠(Chrome
hearts), 키플링, 토리버치(TORYBURCH), 톰 브라운(THOM
BROWNE), 톰 포드(TOMFORD), 투미, 펜디(FENDI),
폴스미스(Paulsmith), 프라다(PRADA),
프로엔자슐러(proenzaschouler), 프리마 클라쎄(PRIMA CLASSE),
피에르가르뎅, 피오리나, 필립모델(PHILIPPE MODEL),
필립플레인(PHILIPP PLEIN), DKNY

자료: http://www.lotte.com/display/viewDispShop.lotte?disp_no=5407968&allViewYn=Y&tclic
k=SMALL_shop_01)

라고 바라보는 시각에 딴지를 걸어보자. 일례로 소비에 대한 정
치경제학적 관점에서 보면, 자본가는 소비자가 원하는 상품을
생산해서 이윤을 추구한다. 그리고 소비자는 소비 활동을 통해
만족감을 얻고, 본인의 소비 욕구needs와 열망을 실현시킨다. 여
기까지가 현대 물질사회에서 일상의 소비를 즐길 줄 아는 현명
한 혹은 능동적인 소비자의 유형이다. 그런데 소비 욕구 때문에
빚이 생기고, 욕망을 절제하지 못해 직장에서 범죄를 저지르는
여성들의 행태를 보면서 우리는 비윤리적이고 비주체적인 소비
활동 여부의 문제를 개인의 허영이나 탐욕의 문제로 손쉽게 돌
리고 있는 건 아닌가 하는 의문이 생긴다. 대량생산과 대량소비

---

10) 롯데백화점 홈페이지 내 여성 가방 목록에서 전체보기 목록을 국내외 제
조사별로 분류했다(2014년 11월 기준).

문화가 전 지구적으로 만연하고 있지만, 불합리한 생산과 소비의 구조적 모순 때문에 생산에서뿐 아니라 소비에서도 소외되는 사람들을 우리는 어떻게 이해할 수 있을까? 소비자 개인의 층위에서 좀 더 확장해보면, 이는 생산 시장의 구조적 문제에 맞닿아 있다. 예를 들면 최근 홈쇼핑, 백화점 할 것 없이 대기업이 오프라인 매장 판매와 온라인 판매를 동시에 하면서 많은 소비자들은 해외에서 직접 구매를 하기도 하고, 또는 오프라인 매장의 시즌 세일을 이용하기도 한다. 하지만 중소 규모의 온라인 사업자들의 경우, 브랜드 인지도가 낮기 때문에 직접 판매하는 것이 모험인 경우가 많다. 그래서 광고의 힘이 필요하고, 대기업에서 판매한다는 후광효과가 필요한 경우도 많다. 물론 늘 그래야 하는건 아니지만, 여전히 명품은 대기업의 제품이고 백화점에서 소비해야 한다는 의식이 있어 서민경제가 어려워졌다고 해도 백화점 명품 매출은 불황을 모른다. 실제 2014년 상반기 백화점 매출을 보면, 여성 정장, 여성 캐주얼 등 패션 의류 판매는 전년에 비해 부진한 반면 해외 유명 브랜드 매출은 오히려 증가했다(≪뉴시스≫, 2014.4.27). 그리고 대기업들이 인터넷 전문 쇼핑몰을 인수하면서 더욱 자본의 독점을 피할 수 없는 현실이 되었다는 점에서 소비자의 선택의 폭이 줄었다고 볼 수 있다.[11]

---

11) 백화점 매출액으로 소비 성향을 판단할 수는 없지만, 고가의 물건을 소비하려는 열망은 식을 줄 모르는 듯하다. 하지만 소비는 사회 분위기에 직

한국 사회에서 명품이라 불리는 브랜드와 아이템에는 개인의 취향에 상관없이 이미 정해진 모범답안이 있다. 예를 들면 명품 가방의 경우 흔히 프랑스, 이탈리아, 미국, 영국 같은 서구 국가의 브랜드들로, 루이비통LOUIS VUITTON, 구찌GUCCI, 샤넬CHANEL, 프라다PRADA, 펜디FENDI, 코치COACH, 에르메스HERMÈS, 토리버치 TORY BURCH, 미우미우Miu Miu, 끌로에Chloe, 발리BALLY, 발렌시아가 BALENCIAGA, 돌체앤가바나DOLCE & GABBANA, 디오르Dior, 버버리 BURBERRY, 생 로랑SAINT LAURENT, 살바토레 페라가모Salvatore Ferragamo, 멀버리MULBERRY, 지미추JIMMY CHOO, 베르사체VERSACE 등을 들 수 있다. 그리고 이런 해외 명품 브랜드를 파격적으로 세일 판매한다는 온라인 배너 광고는 언론사 홈페이지를 비롯해 거의 모든 온라인 사이트에서 쉽게 발견할 수 있다.

나가며

이 장에서는 여성과 소비를 페미니스트 정치경제학적 관점에서 논의하고자, 현대 상업주의 소비사회가 여성의 소비에 어떤 관심을 보이며 여성의 소비 결정과 행위 그리고 미래 소비 계획

접적으로 영향을 받고 있다. 예를 들면 세월호 참사 이후 국내 소비 심리가 급격히 위축되면서 명품 소비도 줄어들었다고 한다(≪동아일보≫, 2014.4.29).

에 영향을 주었는가에 관해 논의해보았다. 그리고 여성의 소비 행위가 가부장적이면서 남성 중심의 사회에서 어떻게 왜곡되고 상업주의에 의해 소비 지상주의로 변질되었는가를 탐구하면서, 한국 사회의 소비하는 여성을 이야기했다. 이 장에서 소개되는 여성들은 시대에 따라 그리고 세대에 따라 다양한 소비를 결정하는데, 이들의 일상적 소비는 문화로서 정치적이기도 하고 경제적이기도 한 특수한 결과를 낳기도 했다. 예를 들면 한국 사회가 일방적으로 규정하는 소비 여성의 지위는 엄마와 아내가 절대적이다. 그렇기 때문에 이들은 남편과 아이들, 가족을 위해 소비해야 하는 지배적 이데올로기에 매몰된 채 소비를 결정하는 일에 영향을 받거나, 혹은 소비 결정을 신중히 고민해야 한다. 만약 이들이 한국 사회가 주는 강력한 이데올로기의 자장을 벗어난다면, 어머니와 아내로서 책임감을 다하지 못한 죄책감guilty에 사로잡히도록 하거나 혹은 그들을 비난해도 되는 문화정치가 정당성을 획득하거나 어떻게든 작동하게 된다.

한편 현대 상업주의는 여성, 특히 어리고 젊은 여성을 비교적 쉽게 무력화시키고 있다. 일례로 매일 방영되는 일일 드라마는 사치, 빚, 부채 같은 소비의 위험한 현실을 이야기하지 않고, 화려한 명품들로 이들을 쉽게 현혹시키면서 끝없는 소비를 욕망하도록 권유한다. 문제는 소비를 권하는 사회 체제가 갈수록 물신주의를 미화시키고 신봉하게 하면서 견고하게 확대되고 있다는 것이다. 주체적 소비와 취향은 결국 절제할 수 없는 소비 욕망에 사로잡혀 욕망하도록 부추기는 인터넷 테크놀로지와 상업주의 문화 앞에서 수동적으로 획일화된다. 안타까운 점은 변형된 물신주의가 인터넷 공간까지 침투하면서, 진보와 보수라는 진영에 상관없이 불특정 다수의 독자들이 명품을 욕망하도록 앞다투어 경쟁하고 있다는 것이다. 그리고 거품과도 같은 명품의 이미지와 허상을 좇도록 하는 정치적 프로파간다의 핵심은 무엇일지에 관해 어느 누구도 진지하게 문제를 제기하고 있지 않는다는 것이다. 제4장에서 이에 관해 좀 더 구체적인 사례들을 들어 논의할 것이다.

참고문헌

나종연 외. 2010. 「한국의 명품 모조품 소비: 누가, 무엇을 왜 소비하는가」. ≪소비자학연구≫, 제21권, 제1호. 273~298쪽.

레코드, 안젤라(Angela Record). 2009. 「쇼핑을 위한 세대: 전후 미국의 10대 여성과 시장」. 아일랜 R. 미핸·엘렌 리오던 엮음. 김선남·정현욱 옮김. 『섹스와 돈』. 서울: 커뮤니케이션북스.

메조미디어. 2014.7. 「2014년 연령별 타깃 분석」.

미핸, 아일린(Eileen Meehan). 2009. 「상품 수용자의 젠더화: 비판적 미디어 연구, 페미니즘, 정치경제학」. 아일랜 R. 미핸·엘렌 리오던 엮음. 김선남·정현욱 옮김. 『섹스와 돈』. 서울: 커뮤니케이션북스.

박정희. 2004. 「위조 브랜드에 대한 소비자의 태도가 오리지널 브랜드의 태도에 미치는 영향: 패션 명품을 중심으로」. 서울대학교 대학원 석사학위 논문.

박지영. 2014. 「디지털미디어 시대 리듬분석의 한 사례: ICT 사용과 일상생활의 리듬을 중심으로」. 2014년 10월 17~18일 한국언론학회 정기학술대회. 미래창조과학부 후원 특별세션.

부르디외, 피에르(Pierre Bourdieu). 2005. 『구별짓기』. 최종철 옮김. 서울: 새물결.

삼성경제연구소. 2012. 「화장품: 하이테크와 감성의 접목」.

Fass, P. S. 1977. *The Damned and the Beautiful: American Youth in the 1920s.* New York: Oxford University Press.

Weibel, K. 1977. *Mirror, mirror: Images of Women Reflected in Popular Culture.* Garden City: Anchor Books.

≪뉴시스≫. 2014.4.27. "소비도 양극화…… 해외명품 매출은 꾸준히 증가".

≪동아일보≫. 2014.3.29. "유혹의 진화, 홈쇼핑 20년".

____. 2014.4.29. "'난공불락' 해외명품 소비 뚝…… 유커 몰린 면세점 매출은 쑥".

위키백과. '사치품'. https://ko.wikipedia.org/wiki/%EC%82%AC%EC%B9%98%
ED%92%88(검색일: 2014.8.15)

≪조선닷컴≫. 2005.4.28. "20대 여성 과소비 퀸?".

≪파이낸셜투데이≫. 2014.9.16. "홈쇼핑, '명절증후군 힐링 상품' 집중 편성".

KBS. 2014.7.6. "급성장한 해외직구, 4년 후엔 '8조 시장'". ⟨KBS 뉴스⟩.

SBS. 2012.1.16. "미국서 돈 받고 데이트하는 여대생 급증: 치솟는 학비 마련하려
중년남과 데이트, 슈가 대디·슈가 베이비 사이트 성업". ⟨SBS 뉴스⟩.

____. 2012.9.5. "가짜 명품 구별의 달인". ⟨생활의 달인⟩, 제349회.

제 4 장

여성 소비의
몇 가지 사례

최은경

소비하는 나, 그리고 정치 · 경제 · 사회

한국 사회에서 나타나는 과잉의 명품 소비 현상은 '구별짓기'의 욕망에서도 찾을 수 있지만, 동시에 심리적 안정감마저 준다는 드라마 속 여배우 코스프레와 같은 '따라하기'의 취향, 즉 동조적 소비에서 나오는 것이라고 볼 수 있다. 그러나 한국 사회에서 나와 다른 타인의 취향을 존중하면서 나만의 것을 찾고 소비를 즐기는 미덕은, 꽤 오랜 시간의 투쟁을 통해 얻을 수 있는 것이었다. '남들 다 하고 있는데, 나는 왜 안 하고 있지?'라는 질문은 자아와 정체성에 대한 고민을 하는 사춘기 시절에만 하는 것인 줄 알았는데, 성년이 되어도, 중년이 되어도, 그리고 노인이 되어도 우리를 놓아주지 않는다. 남들 다 가는 대학, 남들 다 하는 취업, 남들 다 하는 결혼, 남들 다 사는 집, 남들 다 가는 해외여행 등 한국 사회는 타인의 기대와 통념에 의해 강하게 추동되는 사회이다. 또한 서구 사회처럼 온전히 나(I, My, Me, Mine, Myself)를 일상에서 실현할 수 있는 문화가 아니라는 교육을 가정과 학교에서 받고 있다. 우리는 모두 '미생'이라며 자위하는 가운데 부당하고 부조리한 직장 상사와 뒤틀린 사회구조에 저항하기보다 노력이 부족했던 나 자신을 탓하도록 훈육되어왔다.

또한 늘 주변을 의식하며 살아가는 탓에 남들 다 가지고 있는 명품 가방을 나도 하나 정도 갖는 게 왜 문제가 되느냐는 생각이 지배적이다. 불과 반세기 전, 전후 폐허 속에서 국가 재건과 경제 발전이란 이데올로기가 최고의 선으로 정치·경제·사회·문화의 각 영역을 지배하던 시절을 살았기 때문에, 남보다 뒤처지는 삶을 용납하기 어렵게 되었다. 남보다 못한 사람이 되어선 안 된다는 강박관념은 이러한 발전 모델과 함께 상승작용을 일으켜 온 국민의 상식과 일상이 된 것이다. 묵묵하고 성실하게 일하다 보면, 내 집도 장만하고, 자가용도 사고, 아들딸 대학 뒷바라지를 하면서 시집 장가도 보낼 수 있었던 시절, 부모 세대의 희망은 지난 20년 사이 일종의 신화가 되어버렸다. 구직을 하고 열심히 일하고 싶은 젊은 세대는 이미 사회적 멘토나 지식인들로부터 『88만원 세대』(2007), 『아프니까 청춘이다』(2010), 『천 번을 흔들려야 어른이 된다』(2012) 같은 젊은 세대에 대한 관찰과 격려를 들으며, 힘들다고 하소연을 하는 대신 졸업과 취업을 미루고 결혼과 출산을 포기한다.[1] 그러면서도 그러한 사회에 저항

---

1) 그 밖에도 공지영의 『네가 어떤 삶을 살든 나는 너를 응원할 것이다』 (2008), 혜민의 『멈추면 비로소 보이는 것들』(2012), 이외수의 『청춘불패』(2009) 등 청춘을 위로하는 형식을 빌린 자기계발서들이 출간되었고, 이러한 책의 저자들은 SNS에서도 청년들과 활발히 소통하면서 사회적 영향력을 발휘하기도 했다. 2013년 9월 KBS의 시사교양 프로그램 〈KBS 파노라마〉는 "결혼 없는 청춘"이라는 주제로 결혼을 하고 싶지만 하지 못하거나, 이미 포기한 한국, 중국, 일본의 젊은이들을 소개하고 있다.

하거나 새로운 목소리를 내기 어려운 현실이다.

세대와 성별을 불문하고 성과를 향한 압박에 탈진해 심각한 우울증 현상을 보이는 사회를 두고 한병철(2012)은 '피로사회'라 부르기도 한다. 사실 한국 사회의 청춘들 또한 이미 극심한 피로 속에서 과도한 불안이나 병리적 상태를 체감하고 있고, 더 이상 나은 선택의 여지가 없다는 절망감에서 벗어나지 못하고 있는 듯하다. 마치 조르조 아감벤Giorgio Agamben의 '호모 사케르'처럼 많은 이들이 사회의 변방에서 예외 상태에 있다고 느끼는데, 내가 곧 호모 사케르이고, 우리 모두가 호모 사케르이기 때문에 여기서 벗어나는 것을 쉽게 포기하기 어렵고 그렇게 될까봐 두렵기도 하다(주창윤, 2013: 73).[2] 그뿐만 아니라 신자유주의가 부과하는 무한경쟁과 승자독식 사회의 폭력적인 징후들이 최근 한국 사회에서 빠르게 나타나고 있고, 이에 효과적으로 대처할 방법조차 찾아보기 힘들다.

주창윤은 배제와 과잉의 논리로 근대적 경제성장에만 몰두하

---

[2] 아감벤이 주장한 '호모 사케르'는 주권 권력에 의해서 배제된 집단을 의미한다. 그리고 이들을 종교나 인류학적인 차원에서보다는 정치적 의미에서 주권 권력이 행사하는 배제와 폭력의 성격으로 이해한다. 특히 주권 권력은 푸코의 '규범의 응시와 감시의 과정'에서 영향을 받은 것으로, 근대적 경험을 한 서구사회가 근대적 제도를 유지하는 데 방해가 되는 요소를 광기로 취급하면서 일탈이나 비정상성으로 규정하고 배제했던 시대적 맥락에서 이해해야 한다(아감벤, 2008; 주창윤, 2013: 73).

도록 하는 정치에 길들여졌던 한국 사회를 '허기사회'라는 개념으로 진단하기도 한다. 그리고 이에 대한 대안으로 타자와 공존하려는 마음으로 세상을 바라보자고 제안하고 있다. 하지만 우리 사회는 여전히 집단주의 문화의 전통 속에서 집단의 동질적 규범과 행동을 강요한다. 그러니 심리적으로 불안정해질 수밖에 없다. 그렇기 때문에 스스로 명품의 소비 욕망을 절제할 수 없는 경우가 생기고, 타자와 주변을 의식하면서 계속 사치품을 소비해야 하다 보니 진품이 아닌 모조품, 즉 짝퉁 소비에 열광하는 기묘하고 우스꽝스러운 사회가 되었다.[3]

실제 명품을 구매한 경험이 있는 소비자들에게는 공통점이 있다. 첫째, 명품을 구매한 경험이 있는 경우 지속적으로 구매를 원한다는 것이다. 둘째, 명품을 구매하는 이들은 상류층으로 보이고 싶어 하는 체면 의식이 내재되어 있고, 이는 명품 소비의 큰 이유 중 하나이다. 최근 명품 소비의 대중화는 이러한 의식이 확산됨을 증명하는 것으로 볼 수 있다. 셋째, 소비생활에서 목표

---

[3] 최근 온라인과 오프라인의 쇼핑 마켓이 증가하고, 유통채널이 복잡해지면서 소비자의 명품 소비뿐만 아니라 모조품의 증가가 심각한 사회문제로 대두되고 있다. 특히 한국은 해외 명품을 모방한 제품들이 대량으로 적발되는 국가들 가운데 하나로 '짝퉁 코리아'라는 오명을 얻고 있다. 나종연 외(2010)의 연구결과에 따르면, 연구의 응답자 1148명 중 72.2%가 명품 모조품 구입 경험이 있다고 답했다. 그리고 20대 소비자들은 불법 유통 제품의 소비에서 죄책감보다 명품 모조품을 가졌다는 뿌듯함과 재미 혹은 즐거움이 더 컸다고 응답했다.

와 수단, 즉 주객이 전도된 현상을 보여준다. 가령 사회적·경제적으로 성공한 사람들이 자신의 지위에 맞게 명품을 소비하는 것이 아니라, 이러한 성공을 막연하게 동경하며 명품을 과시하듯 소비하는 경우가 많다는 것이다(한수진, 2007: 147~148).[4]

한편 작금의 명품 소비가 대중화된 현실에는 그동안 한국 사회가 겪은 정치경제적 영향도 무시하지 못할 만큼 중요한 역할을 했다고 볼 수 있다. 예컨대 일본의 식민지 시대와 한국 전쟁을 극복하는 과정에서 정치권력 내 부정부패가 끊이지 않았고, 쿠데타에 의한 군부 세력의 등장으로 민주주의가 퇴행하고 이에 사회가 영향을 받았다. 그뿐만 아니라 반공 이데올로기가 강력하게 작동했던 터라 군대 문화가 일반인들에게도 보편적인 것으로 인식되었고, 군사정권은 체제 유지를 위해 이러한 일사불란하고 권위주의적인 군대 문화와 생활방식을 강조했다. 그리고 경제개발계획이라는 이름으로 국민들에게 검소한 생활을 강요했고, 절제와 복종이 미덕이 되는 사회적 윤리를 확산시켰다. 사실 전후 국가 경제 발전을 위해서는 여성과 어린 여학생까지 저임금의 산업 현장에 동원될 만큼 노동자의 삶은 황폐했고 궁핍

---

4) 과거 명품은 일반적으로 40~50대 상류층 소비자의 전유물이었으나, 최근 20~30대 젊은 층이 명품 구매의 새로운 소비계층으로 등장하면서, 고급 브랜드의 소비가 전체적으로 급증하고 있다. 특히 20대 젊은이들은 명품 핸드백, 신발 등을 한 브랜드에서 모아 판매하는 멀티숍의 브랜드를 선호한다.

했다. 이런 사회 분위기에서 패션과 유행에 대한 관심은 사치로 인식될 수밖에 없었을 것이다.

하지만 1970년대 이후, 권위주의적이고 가부장적 정권은 사회에 대한 반발이 대학생을 중심으로 한 젊은 세대로부터 일종의 하위문화를 통한 정치적 저항으로 발현되는 것을 경계했다. 한 예로 미니스커트와 장발을 경범죄로 단속했고, 새마을운동의 사례에서 드러나듯 직군별로 복장을 통일하면서 집단주의 문화를 확산시켰다.[5] 그런데 대중성을 강조하는 일률적 디자인의 의상이나 소품들이 주류를 이루던 유신 시절은 신군부의 제5공화국으로 오면서 변화를 보이기 시작했다. 예컨대 박정희정권하에서는 지배 계층을 중심으로 일정한 패턴과 트렌드가 유지되면서 일반 대중이나 하위 계층은 의생활에서 검소하고 통제된 양식을 강요받는 양극화된 모습이 강했지만, 전두환정권하에서는

---

5) 매체의 발전도 한국 사회 패션의 빠른 대중화에 중요한 역할을 했다. 1961년 KBS TV, 1963년 동아방송, 1964년 동양방송(TBC)이 개국했다. 정치권력은 TV를 중요한 통치수단으로 활용했지만, 사람들은 TV를 통해 비틀즈와 베트남전의 소식을 들을 수 있었고, 대통령의 얼굴을 보았으며, 드라마를 통해 사회 유행을 접했고, 청바지와 미니스커트를 입은 해외의 패션을 보았다. 반면 1960년대 말부터 미니스커트와 장발을 미풍양속을 해치는 사회악으로 규정해서, 경찰관들은 '무릎 위 15cm' 규정에 따라 길거리 여성들의 치마 길이를 단속했고, 단정하지 못한 긴 머리와 지나치게 헐렁한 긴 옷을 입은 히피족을 연상하는 외모, 특히 장발을 엄격히 규제했다. 국가가 국민의 의식과 일상의 패션을 완벽하게 통제할 수 있는가에 대한 정치실험을 했던 사례로 보인다.

이러한 이분법적 구도가 약해져서 서구화되고 상업화된 대중패션의 시대가 열리게 되었다.

한국 사회 패션의 문화와 정치를 연구한 김종법(2014: 114)은 5공화국이 수평적 관계를 용납하지 못하는 권위주의적 통치 리더십을 기반으로 하기 때문에, 직장과 사회에서의 서열이 중시되고 이를 의상이나 복장 등에서 분명히 하려는 억압적인 패션, 권위적인 패션의 문화적 특징을 가지고 있다고 분석한다. 1980년대 군사정권 시절의 유물이었던 야간 통행금지가 시행 37년 만에 해제되면서 국가가 통제하려던 억압의 정치는 막을 내린 듯했지만, 통제에 길들여졌던 대중은 밤거리에서 성매매 업소, 유흥문화, 청소년 비행, 음주문화, 조폭의 등장 같은 문제를 피할 수 없었다. 군부에 의해 장악되어 연장된 정치권력은 국민들의 정치적 관심을 다른 곳으로 돌리기 위해 우민愚民정책, 이른바 3S(Screen, Sport, Sex) 정책을 적극적으로 지원했다. 그렇게 1980년 컬러텔레비전 방송이 전국적으로 시작되었고, 1986년 아시안 게임과 1988년 올림픽이 서울에서 열렸으며, 1982년 프로야구가 시작된 이후 1983년에는 프로축구와 프로씨름, 농구대잔치가 출범했다. 그뿐만 아니라 가정용 VTR이 보급되면서 포르노 테이프와 수입산 저급 문화도 빠르게 유입되었다. 억눌렸던 개인의 여가와 취미를 즐기려는 욕구가 상품 소비를 통해 폭발할 수 있도록 삼성, LG, 대우, 선경 같은 대기업들은 패션 사업에도 뛰어들어 과거와 다르게 젊은이들의 소비 풍조를 부추기면서 패션 대기업의 성공신화를 만들었다(김종법, 2014: 117~ 120).

결국 한국 사회의 시대정신은 바로 '기업(가) 정신'으로 등치가 되었다. 이는 시장의 논리, 즉 경제 본위의 사회와 이데올로기를 모든 것에 우선하는 보편적 가치로 만들면서, 개인의 정서와 취향, 기호에 따라 내적 자유를 추구하는 일을 비정상적이거나 도덕적이지 못한 것으로 간주하는 사회 분위기를 만들었다. 이처럼 한국 사회의 급속한 변화 과정에서 압축성장과 천민자본주의의 전통이 남긴 악습은 새로운 밀레니엄의 여명이 밝은 이후로도 이미 10년을 훌쩍 넘겼지만 여전히 현재진행형이다. 이러한 역사적·정치경제적 배경을 이해한다면 놀랍지 않을 수도 있지만, 명품을 구매하는 소비자들은 자신의 경제적 상황이나 개성, 자유의지와 무관하게 남들이 명품을 소비하면 나도 유사하게 소비를 하면서 남들과 같아져야 한다는 심리적 압박감이 있다고 고백한다(≪ITN≫, 2014.6.5). 자신이 소속된 준거 집단의 기준, 가령 규범, 행동, 유행, 취미, 취향 등에 맞지 않으면 다른 구성원들로부터 무언의 압력을 받곤 하는 불안감이 있다고 털어놓는다. 명품이라는 고가의 물건을 구매하는 일에서조차 자기 행동의 주체가 되지 못하고 체면과 사회적 기대, 혹은 고정관념을 끊임없이 의식한다는 것이다(한수진, 2007; 필자가 진행한 인터뷰, 2014년 11~12월).

결국 명품의 본질은 사라지고, 명품이 주는 상징이나 전시가치, 혹은 사회적 관계만을 좇는 허망한 소비 행위만이 남게 된 현실을, 우리는 마르크스가 『자본론』(1867)에서 주장하는 '물신적 성격'으로 설명할 수 있을 것이다. 물신은 상품의 생산과정에 투여된 인간의 노동시간이 상품의 교환과정에 온전히 반영되지 않고, 상품 자체가 마치 일정한 가치를 가지고 있는 것으로 인식되는 현상을 의미한다. 그리고 이러한 상품의 물신숭배product fetishism가 강할수록 생산과정이나 노동의 의미보다는 교환되는 사회적 관계에 집중하기 때문에, 물질 교환과정에서 발생하는 커뮤니케이션의 본질에 대한 의식은 사라지고, 오직 사회적 관계인 교환가치에 대한 인식만 남게 된다는 것이다. 결국 인간이 상품의 사용가치와 본질보다 교환가치에만 치중할수록 물신성은 더욱 커질 수밖에 없다(심영섭, 2014: 145). 다시 말해 장인은 노동과 시간을 투자해 명품 가방을 생산한다. 장인의 노동 생산물의 가치는 시장에서 화폐라는 수단에 의해 교환되면서 '상품'으로 거래가 되는데, 여기에서 장인의 노동시간은 화폐라는 교환가치로 환원되어 버린다. 그 때문에 장인의 가방(상품)을 구매하는 개인(소비자)은 상품에 내재한 '본원적 사용가치'인 노동시간보다 상품 구매를 위해 지불해야 하는 화폐의 교환가치만을 중요하게 여기게 된다. 그런데 자본주의 사회에서 교환가치는 물건의 사용가치(유용성)가 교환되지 않고, 오직 사회적 관계를 통해서만 교환되는 기묘한 상황이 벌어지게 된다는 것이다(심영섭, 2014: 148). 예컨대 상품을 화폐와 교환하면서 가장 중시하게 되는 것이 바로 주변 사람들의 기준, 규범, 행동, 유행, 취미, 취향으로, 이것이 결국 '물신숭배'로 연결된다.

이 과정에서 상품 생산자들(자본가들)은 상품의 사회적 관계를 상품의 이미지라는 이름으로 과대 포장해 이를 규격화·표준화해버렸다. 그리고 이용자는 자신의 소비 기호나 유용성에 따라 합리적으로 소비를 하는 것이 아니라, 사회적 관계에 의존해 수동적으로 소비를 하기 때문에 이러한 전도된 관계 속에서 기만당하기 십상이다. 나아가 표준화된 상품의 사회적 교환과정에서 나타나는 이데올로기(명품 가방을 들면 경제적·사회적으로 성공한 여성이라는)에 갇혀, 사용가치가 선사하는 감흥을 제대로 느끼지 못하거나, 사회적 관계에 순응해야 하는 압박에서 벗어나기 힘들다. 디터 프로코프Dieter Prokop는 소비를 해야만 사회적 관계가 유지되고, 그 관계 속에 있어야만 자신의 존재가치를 느끼는 물신화된 소비와 감흥을 컬트Kult라고 부른다(Prokop, 2002). 즉, 자본주의 사회에서 소비의 주체들은 컬트를 소비문화로 착각하며 살고 있다는 생각이 든다. 장인이 한 땀 한 땀 공들여 만든 명품 가방을 소비하면서, 내가 주인이 되어 상품의 유용성, 필요충족성, 희소성, 목적성을 제대로 따져보는 일은 이제 무의미하고 불필요한 고민이 되어버린 듯하다. "지금 사고, 나중에 지불하라

Buy now, pay later"라는 광고 카피가 여전히 소비를 미덕으로 여기는 대중과 세대에 공명하고 있기 때문이다.

가방과 'Bag'의 차이

가방의 사전적 정의는 '물건을 넣어 들거나 메고 다닐 수 있게 만든 용구'이다. 가방의 종류 가운데 '핸드백'이라는 인기 높은 여성용 액세서리가 있다. 핸드백은 여성들이 수백 년 동안 패션 액세서리로 활용해온 아이템이기도 하다. 일본에서는 값비싼 핸드백을 살 돈을 마련하기 위해 교복을 입은 여학생이 중년의 사업가와 원조교제를 하는 경우도 드물지 않다고 한다. 핸드백을 소유하고 싶은 욕망에는 종착지가 없다. 브랜드와 크기, 종류도 다양하지만 매해 새로운 디자인의 신제품이 출시되기 때문에, 여성들은 끊임없이 핸드백에 열광할 수밖에 없다고 한다.

흥미롭게도 여성이 핸드백에 집착하는 심리를 연구한 에릭 에릭슨Erik H. Erikson은 '성기의 형태가 공간 양상에 미치는 위력'을 실험하면서 다음과 같이 주장한다. 사내아이들이 블록으로 탑을 쌓는 반면 여자아이들은 이런저런 '울타리'를 만드는 경향이 있는데, '높고 낮은' 것은 남성적인 것이고, '열리고 닫힌' 것은 여성적인 것이 된다. 결국 에릭슨의 정신 분석학적인 관점에서 볼 때, 여성들의 핸드백은 여성의 성 정체성이 무의식중에 구체화된 것으로 여성들이 자신의 성과 성기에 대한 느낌을 공개적으로 표현하는 것이 된다(버거, 2011: 130~131). 그런데 에릭슨의 이러한 주장은 아동기에 뚜렷하게 구별되는 생물학적 차이는 성인이 되어 내면화된 자아가 표출될 때에도 어떤 식으로든 드러날 것이라는 가정을 전제한다. 그러나 이것만으로는 엄청난 고가의 가방을 소비하기 위해 사회에서 용인되는 범위 내에서 그 어떤 대가도 치를 수 있다는 절제되지 못한 욕망을 설명할 길이 없다. 나아가 소지품을 담고 운반하는 본연의 목적보다 내가 '이 정도 브랜드의 핸드백'을 가지고 다닌다는 일종의 상징자본의 표현으로 자신의 분에 넘치는 지출인 줄 알면서도 명품을 구매하게 되는 여성의 심리를 설명하기도 어렵다.

여성이 핸드백 앞에서 쉽게 무너지는 모습을 보면, 그들의 일상에서 가방은 소품 이상의 무엇임이 분명하다. 특히 여성에게 그것이 기능적 의미에서의 '가방'이 아닌, 자신의 정체성을 드러내고 타자에게 자신의 계급적 위치를 보여줄 수 있는 '백bag'으로 해석되는 순간은 그래서 더욱 특별하다. 그렇다면 한국 사회에서 여성들이 백을 찾는 순간은 언제일까. 결혼과 동시에 전업주부가 되는 것이 당연했던 베이비 붐 세대의 어머니들이 모처럼 동창회나 부부 동반 모임에 나설 때 가장 신경 쓰는 아이템이 바로 가방이다. 디자인만으로도 브랜드와 가격을 짐작할 수 있기 때문에 일종의 상징자본으로 모임에서, 또 동료들 사이에서 자신을 드러내고 싶을 때 핸드백만큼 효과적이고 요긴한 아이템은 흔치 않다. 그래서일까. 악어가죽으로 만든 고가의 핸드백은 어머니 세대에서는 반드시 하나쯤 가지고 있어야 하는 필수 아이템이었다. 천연 가죽이 귀하던 시절에는 더욱 그랬다. 기술의 발달로 다양한 패턴과 재질의 인조 가죽을 대량생산할 수 있게 되면서 고가의 천연 가죽으로 만들어진 명품 가방의 인기는 시들해졌고, 디자인과 로고가 있는 특정 브랜드의 백이 더 인기를 얻게 되었다. 많은 여성은 디자인과 로고만으로 어떤 브랜드의 얼마짜리 핸드백인지 알 수 있기 때문에 브랜드에 대한 여성의 집착은 더욱 커진다. 여성은 로고가 있는 명품 백을 구매할 때 현실과 이상을 자연스럽게 넘나드는 판타지를 체험한다.

　실례로 한 홈쇼핑 광고에서 사용된 여성들을 유혹하는 수사들을 살펴보도록 하자.[6] 이 홈쇼핑 프로그램에서 명품 가방을 판매하면서 사용된 수사들을 보면 제품의 가격, 이미지, 가치와 차별성에 대한 표현이 압도적으로 많음을 알 수 있다. 여기에 쇼호스트의 강력하고 효과적인 설득이 가미되면, 방송을 시청하는 여성들은 가방의 기능이나 실용성 또는 가격 같은 현실적인 장점을 넘어 오랜 역사와 전통을 자랑하는 해외 명품 가방을 소유하고 평생의 반려자로 맞이하는 달콤한 유혹에서 벗어나기 어렵

---

6)　현대홈쇼핑, G 브랜드 가방 방송에서 인용했다(2014.10.25).

〈표 4.1〉 홈쇼핑에서 명품 가방을 판매하면서 사용된 수사들

1. 제품의 가격	"너무 좋은 가격" "장기 무이자 할인 가능" "무려 24개월 할부" "최대 가져가실 수 있는 할인 금액은……" "구입 후 포인트가 무려……" "10% 할인 쿠폰까지" "한 달에 부담하시는 금액도 xx원밖에 안 됩니다" "보답하는 차원에서 여러 가지 엄청난 세일을……" "명품 구매의 부담을 낮춰드리고" "오늘은 아주 특별한 행사가 겹쳐서……" "다섯 분을 추첨해서 고가의 특별 사은품을……" "좋은 상품에 좋은 가격"
2. 제품과 이미지	"어깨에 멨을 때 젊어 보이고" "원피스에도 잘 어울리고, …… 자연스럽고" "이태리의 영화 한 편을 보는 것 같은……" "비 오는 날 싸구려 백 메고 가는 분이 있어요." "내 차림이 자신 없을 때" "누군가를 만나게 될 때" "그래서 평소 자기 관리가 중요하다는 이야기를 하는가 봅니다." "언제 어디서 누구를 만나서" "기죽을 필요가 없습니다." "보답하는 차원에서 여러 가지 엄청난 세일을……" "명품 구매의 부담을 낮춰 드리고" "오늘은 아주 특별한 행사가 겹쳐서……" "5분을 추첨해서. 고가의 특별 사은품을……" "좋은 상품에 좋은 가격"
3. 제품의 가치와 차별성	"00만의 매듭" "금장 장식과 레드 손잡이" "이렇게 고급스럽게 나오기 쉽지 않거든요." "더 이상의 치장이 없어요." "데일리 백으로 이만한 게 없어요." "쓰기 만만한 거" "00의 백을 누가 1년 들고 안 드나요? 평생을 같이……"

	"나의 친근한 파트너로 이 백을 선택하시는 거죠."
	"역사와 전통을 자랑하는 브랜드로……"
4. 쇼 호스트의 특별한 수사들	"남아 있는 시간은 6분!" "시간이 흘러가는 1분 1초가 아깝습니다." "시간은 4분밖에 남지 않았습니다." "상담원 연결이 어렵습니다." "솔직히 수량이 부족합니다." "놓치시면 안 됩니다." "어딜 가도 이 조건이 없습니다." "정말 득템 하셨습니다" "오늘 하루만 행복해하실 정도의 득템을 드릴게요" "저희 회사는 기반이 되어 있기 때문에, 이 정도 상품을 준비한 겁니다." "믿고 보고 믿고 살 수 있는 명품 방송" "매진 임박" "대한민국 명품 방송의 자존심" "믿고 구입하셔도 됩니다."

다. 특히 홈쇼핑에서 판매되는 명품 가방 정도는 우리 사회에서 크게 비난받을 만큼의 과소비가 아니라는 생각을 하는 소비자들도 늘고 있다. 물론 이 역시 상대적인 판단이기는 하지만, 홈쇼핑에서 구매하기 어려운 엄청난 고가의 명품 가방을 어렵지 않게 구매하는 여성들과 비교한다면 이는 여전히 소박한 욕망이다. 여성의 탐욕이 지나쳐 사회 물의를 일으키는 사건도 종종 있다. 2011년 일명 '벤츠 여검사 사건'에서 사건 청탁의 대가로 500만 원대 샤넬 핸드백과 벤츠 승용차를 받은 사실이 적발됐는데, 이는 한국 사회 최고의 전문직 여성도 명품 핸드백을 욕망한다는 것을 증명해준 것이다(≪연합뉴스≫, 2011.11.28). 그런데 고가

〈표 4.2〉 가장 많이 검색된 명품 가방 브랜드 10위

1	COACH	6	PRADA
2	LOUIS VUITTON	7	HERMÈS
3	CHANEL	8	MULBERRY
4	GUCCI	9	MARC JACOBS
5	LONGCHAMP	10	MICHAEL KORS

자료: "The most searched for Handbag Brands in the World", ≪Luxury Society≫(2012.6.27), http://luxurysociety.com/articles/2012/06/the-most-searched-for-handbag-brands-in-th e-world

의 명품 핸드백으로 나와 타자를 구별하려 하는 전략적 처세나 차이의 문화정치는 유독 한국 사회의 여성들에게서만 발견되는 문제일까?

≪Digital Luxury Group≫과 ≪Luxury Society≫에서 국가별 1000명의 인터넷 유저를 대상으로 자동차, 패션, 미용, 호텔, 시계, 보석 등 약 400개의 명품 브랜드를 골라 'World Luxury Index'를 만드는 작업을 했는데, 당시 조사 결과에 따르면 국가별 명품 핸드백 선호도에서는 영국, 미국 브랜드가 가장 높았고, 이탈리아, 프랑스, 덴마크, 일본, 브라질, 인도 등이 순위에 있었다. 특히 여성들이 선호하는 명품 핸드백 상위 10위권 브랜드는 국내에서도 이미 잘 알려진 브랜드로 온라인 쇼핑몰과 오프라인 매장에서 쉽게 만나볼 수 있는 브랜드들이기도 하다.

실제 필자의 경험으로도, 대중교통을 이용할 때 소위 말하는 명품 가방 선호 명단에 있는 가방을 가지고 있는 여성들을 어디에서나 쉽게 발견할 수 있었다. 유사한 가방을 타인이 소유하고 있는 모습을 보는 것은 마치 거울 속 자신을 보고 있는 것과 흡사하다. 많은 여성들은 거울 속 자신을 보면서 정체를 알 수 없는 안도감과 편안함을 느낀다고 한다. 특히 대한민국 국민 브랜드가 되다시피 한 L사의 제품들은 장소와 연령대를 불문하고 한국 사회에서 가장 찾기 쉬운 브랜드가 되었다. L사의 작은 파우치 핸드백은 백화점 매장에서 100만 원을 넘는데, 이 브랜드의 핸드백이나 쇼퍼백을 들고 있는 여성을 거리에서 발견하는 일은 너무나 쉽다. 일례로 지하철 칸마다 수백만 원대의 현란한 명품 가방들이 많은 여성의 필수 액세서리쯤으로 들려 있는 진기한 풍경이 펼쳐지고, 이는 소위 명품의 본고장에서 온 외국인들의 눈에도 신기하고 생경한 장면일 것이다.

이제 L 가방은 홈쇼핑에서 샴푸 세트를 사면 받을 수 있는, 아니 꼭 받아야 하는 최고 인기 경품이 되었다. 사실 L 정도의 브랜드라면 지갑 가격만 해도 웬만한 국내 중고가 핸드백 가격과 비슷하기 때문에, 정품을 장만하려면 수십에서 수백만 원을 지불해야 한다. 그런데 이런 고가의 가방을 샴푸 세트를 구매하고 운이 좋을 경우 '덤으로' 얻는 행운을 기대해 보라는 상술이 통용되고, 또 이것이 실제적 효과도 있다는 사실은 흥미로운 사회문화 현상임에 분명하다.[7]

L 브랜드의 가방을 든 여성들(좌: 지하철역에서, 우: 뷔페 음식점에서).

진정한 명품은 DNA가 다르다는 속설이 있다. 그렇기 때문에 명품의 조건에는 재료, 기술, 디자인이 차별화·고급화되는 것은 물론이고 스토리가 있어야 한다. 그리고 예술은 명품을 이 세상에 단 하나밖에 없는 작품으로 승화시키는 힘을 가지고 있기 때문에, 명품이 최고 중의 최고가 되기 위해서는 예술이 필요하다

---

7) 고가의 명품 핸드백을 경품으로 신용카드 회원 가입이나 행사에 응모를 하게 하는 판촉 행위는 이미 동네 대형마트, 백화점, 온라인 쇼핑몰에서 만연한 상술 중 하나가 되었다.

(조혜덕, 2011). 그렇다면 L사의 가방은 어떤 매력과 조건을 가지고 있기에 이토록 대한민국 여성들이 열광하는 것일까? 우선 거기에는 다른 명품과 차별화되는 스토리가 있다. 1912년 4월 영국 사우샘프턴에서 미국 뉴욕으로 처녀항해를 하던 타이타닉호가 침몰하면서 승선자 2227명 중 1513명이 사망하거나 실종되었다. 이 사건은 이미 영화화되기도 했는데, 당시 1등실에서 호화 유람을 즐기던 귀족들은 나무로 짠 L사의 가방에 매달려 구출되었다고 한다. 그뿐만 아니라 1985년 타이타닉호의 파편 인양 작업에서 놀랍게도 물이 새지 않고 잘 보존된 L사의 가방이 발견되었다. 이후 세간에 이 회사의 가방이 나무로 만들어졌지만 가볍고 물샐틈없이 정교하게 만들어진 장인의 작품이라는 찬사와 소문이 널리 퍼지게 되었다는 것이다(조혜덕, 2011: 139).

사실 미국, 프랑스, 영국 같은 명품 종주국을 방문하고 나면 명품에 집착하는 한국의 풍경이 얼마나 특별하고 생소한 것인지 느낄 수 있다. 필자의 개인적 경험에 비추어 볼 때, 영국의 경우 대중적 명성을 가지고 있는 잘 알려진 브랜드 외에 이름도 부르기 어렵고 또 상상을 초월하는 고가의 명품을 소유한 사람들을 대중교통을 이용하다 만나게 될 확률은 거의 제로다. 생활공간이나 활동 반경이 다르기 때문에, 대다수의 사람은 상위 1%들이 사는 세상을 상상조차 하기 힘들다. 물론 사회문화적 환경에서 코즈모폴리턴 도시를 대표하는 런던을 이제 겨우 외국인 거주자가 약 150만 명이 넘는 한국과 비교하기는 힘들 것이다.[8) 하지만 중요한 점은 한국 사람들이 명품 가방을 유행처럼 소비할 만큼 소득수준이 높다거나, 패션 감각이 남다른 민족이라는 현상적 해석이 아니다. 문제의 본질은 오히려 명품 가방을 가지고 있는 사람들은 왜 명품 가방을 가지고 다닐까, 그리고 어떻게 그것을 소유할 수 있었을까 하는 점이다. 물론 이미 사회심리학과 광고학 등에서는 고가의 명품 가방을 소비하는 사람들이 누구이며, 이들의 소비 동기와 만족, 그리고 경험에 관한 연구가 활발히 진행되었다.

현대 소비자들이 명품에 열광하는 현상을 사치증후군luxury syndrome이라 부르기도 한다. 이러한 시각에서 사치품 소비의 문제는 단순히 품질의 문제가 아니라 그것이 지니는 상징과 기호의 문제이며, 이러한 기호를 열망하는 소비자 욕망의 근원을 파악할 필요가 있을 것이다. 그리고 사치의 원인을 사회구조적 측면에서 찾기 위해 마르크스, 부르디외, 베블런, 게오르크 지멜Georg Simmel, 베르너 좀바르트Werner Sombart 같은 학자들은 근대사회 이후 나타난 사치의 보편화, 소득 증대와 소비 취향의 고급

---

8) 2014년 7월을 기준으로 한국에 거주하는 외국인은 156만 9470명이라고 한다. 전국 단위 외국인 비율은 3.1%로 전체 외국인 가운데 63.1%가 서울, 경기도, 인천광역시 등 수도권에 살고 있다. 서울의 외국인 비율은 4.1%로 부산 1.5%보다 월등히 높다. 그리고 안산과 영등포 지역에 외국인이 가장 많이 밀집해 살고 있다고 한다.(≪한겨레≫, 2014.7.8).

화, 사치품의 공업화, 세분화, 파편화, 감성적·유희적 소비 같은 철학적·경제학적·사회학적 관점이 보완되어야 한다고 설명한다. 나아가 인간의 행위에 원인을 제공하는 필요need와 요구want, 그리고 욕망desire을 엄밀하게 구분하자면, 욕망은 개인적 차원에서 발생하지만 동시에 타자 지향적이기 때문에 타인을 의식하게 하는 현대 산업구조의 전략적 산물이라 볼 수 있다. 이런 문맥에서 이준영과 김난도는 한국 사회의 사치품을 욕망하는 계층을 재벌가나 상위 1%의 초부유층, 월 소득 1억 원 이상의 동류 부유층, 그리고 갑자기 부자가 된 벼락부자, 그 아래 중산층으로 나누어 심층 인터뷰를 실시했다. 그 결과 사치품을 소비하는 데 경제적 고려가 필요하지 않은 부유층과 달리, 중산층은 유년기의 상대적 박탈감, 지위·외모·신체적 열등감, 직장·가정에서의 스트레스 등 현실의 자아에 대한 불만과 좌절을 해소하는 데 사치품을 소비한다고 보았다. 더 심각한 문제는 계층에 상관없이 소비의 욕망이 아무리 소비해도 채워지지 않고 더 큰 갈망을 부른다고 지적하고 있다(이준영·김난도, 2007: 52~55).

그렇다면 명품 소비의 욕망은 누가, 어떻게 부추기고 있을까? 필자에게 청소년 시절 보았던 텔레비전은 마약과 같았다. 특히 에피소드가 연결되는 드라마의 경우, 한 번 시청하기 시작하면 멈출 수가 없었다. 유독 의지력이 약했을 수도 있고 쉽게 드라마에 중독되는 타입이었을 수도 있는데, 필자는 대한민국이 '드라마 왕국'이라는 것에 감사하면서 사회구조를 탓하는 이중적 태도로 텔레비전을 가까이했던 것 같다. 그런데 한국 드라마는 일일연속극, 주중 드라마, 주말 드라마 할 것 없이 여성을 경제주의적 시각과 가부장적 이데올로기로 재단하며 외모와 성 역할을 포함해 소비에 대한 고정관념을 확대 재생산한다. 거칠게 분류한다면 소비와 관련해 드라마 속 여성은 크게 두 가지 유형으로 나눌 수 있다.

우선 유형 A에 속하는 여성은 부잣집 남편(시댁)을 만나 경제적으로 풍요로운 결혼 생활을 시작하는 듯했지만 온전히 자신만을 바라보는 진정성 있는 사랑을 얻는 데 실패하거나, 믿었던 사람들로부터 배신을 당하게 된다. 복수를 꿈꾸는 이 여성은 자신의 빼어난 외모를 무기 삼아 복수를 위한 준비를 차근차근 해나간다. 그녀는 자신의 뛰어난 외모에 걸맞게 명품 패션과 액세서리들로 치장하고 있다. 그리고 잃어버린 자존심을 회복하고 가족의 복수를 다짐하며 필연적으로 '악녀'로 변신했다가, 다시 순수하고 선한 여자로 개과천선하는데, 그 과정에서도 명품은 그녀를 늘 예쁘고 화려하며 멋지게 포장한다.

다음으로 유형 B의 여성은 타고난 운명을 받아들이면서 예상치 못한 어려움과 고난, 역경을 밝고 씩씩하게 극복하는 '캔디형' 인물이다. 이들은 가난한 집안이나 자신을 차별 대우하는 부모 밑에서 살고 있더라도 결코 희망을 포기하지 않는다. 또한 이들은 출생의 비밀로 자신이 사랑하던 사람이 오빠나 동생임을 알게 되거나, 시한부 인생을 살아야 하는 상황이 오더라도 슬퍼하거나 절망에 빠지지 않는다. 이들은 주변의 편견과 오해로 상처를 받거나 곤경에 빠져도 바로 이런 고난의 순간이 자신을 구원해줄 왕자님을 만날 수 있는 인연이 된다고 믿는다. 또 이런 계기로 가난을 극복하고 새로운 삶을 살 수 있기 때문에 절대 포기하지 않는다. 이렇게 유형 B의 여성은 자신에게 고난을 준 사람들을 용서하고, 열등감과 증오의 응어리를 한 번에 '쿨하게' 해결하는 대단한 사람이 된다. 유형 B는 대기만성형인 듯하지만, 드라마 속 그녀 역시 색깔과 스타일만 다를 뿐 명품 브랜드의 옷과 가방, 액세서리들로 치장한 결코 초라하지 않은 인물이다.

이런 여성들이 빠지지 않고 등장하는 한국 드라마에 길들여진 시청자들은 자신이 어떤 유형의 여성이건 나도 그렇게 명품으로 치장을 해야 할 것 같다는 최면에 걸린다. 그리고 온라인 공간은 이들의 소비를 권면하기 위해 갖가지 기술을 동원해 이들을 유인한다. 예를 들면 시청률이 높은 인기 드라마가 방영되는 중에는 출연 여배우의 가방, 옷, 신발, 립스틱, 귀걸이, 팔찌 같은 소품이 불티나게 판매된다. 드라마 속 여주인공이 악녀인지 천사인지는 중요하지 않다. 시한부 삶을 살아야 하는 비련의 여주인공이어도 괜찮다. 인기 드라마 속 배우의 옷과 가방을 쉽게 따라 구매할 수 있는 환경 덕분에, 드라마 속 여주인공을 코스프레하는 일은 이제 많은 여성들의 일상이 되었다.

2014년 MBC 드라마 〈왔다 장보리〉 속 악녀 역할을 했던 이유리의 백팩과 핸드백이 화제를 모으면서, imbc는 시청자가 바로 구매할 수 있는 온라인 서비스를 제공했다. 이는 시청자가 드라마를 통해 얻을 수 있는 희열의 강도를 높여주는 것처럼 보인다. 다시 말해 시청자들이 순수하게 드라마에 몰입했던 기억을 토대로, 더 나아가 드라마 속 여주인공이 자신의 계급과 사회적 지위를 과시하기 위해 활용했던 명품들을 소비하며 자기와 동일시하는 경험을 통해 이중의 효과를 거둔다. 더 확대하면 대중이 드라마 속 여성 주인공의 고난에 슬픔과 분노를 느끼며 감정을 소진했다면, 이제 화려한 명품으로 그 허전함과 상실의 빈자리를 채워야 한다는 메시지의 재생산이라는 해석도 가능하다. 결국 텍스트에 재현된 여성에 대한 정형화된 이미지는 다시 현실의 여성성을 재구성하는 질료가 된다. 또 드라마에서 재현되는 여성성의 왜곡과 비현실적 이미지는 이 상황에서 무엇이 더 중요한 문제인지 인식하기 힘들게 하거나, 또 무엇을 비판해야 하는지 혼란스럽게 하는 일종의 착시현상을 낳는다.

이렇게 드라마 한 편에서 소개되는 제품들은 다종다양하다. 그리고 특정 아이템들이 드라마 출연 배우의 이름을 차용해, 이를테면 '김남주 립스틱', '김태희 헤어밴드', '송혜교 귀걸이', '공효진 반지', '전지현 코트' 같은 식으로 광고되고 판매된다. 스타가 입고 착용했던 옷과 액세서리를 따라 하는 것이 유행이기 때문이다. 여성들은 유행을 선도한 사람을 모방함으로써 자신이 그 누구와 비슷할 것이라는 상상을 하고 그 이미지를 소비하게 된다. 그리고 이러한 여성의 욕망은 나이, 직업, 국적에 상관없이 잠재되어 있으며, 언제든 실제 소비 행위로 연결될 수 있는 가능성을 가지고 있다. 그리고 그 욕망과 소비 행위 사이에서 속물근성을 보여주는 원초적 질문이 드러나기도 한다. 한 예로 연예인들이 입출국하면서 착용했던 옷과 가방이 화제의 뉴스가 되고 있는데, 그 옷과 가방의 브랜드나 가격이 바로 공개되면서 그들의 패션은 온라인상에서 평점이 매겨진다. 유사한 예로 한류 스타 이영애가 결혼식 후 공식 석상에 모습을 드러낸 적이 있다. 그녀의 패션에 주목한 언론은 새 신부 이영애가 들었던 가방의 브랜드가 무엇이며 가격이 얼마인지를 보도했다. 그리고 한류 스타에 걸맞은 고가의 다이아몬드 반지와 대중이 접하기 힘든 고가의 핸드백을 가지고 있다는 사실이 매체를 통해 널리 알려졌다(≪뉴스엔미디어≫, 2009.9.15). 이는 유명인에 대한 관심이 인물보다 그가 소유하고 있는 물질에 있는 우리 사회의 만연한 물신주의를 적나라하게 보여주는 사례이다.9)

---

9) 유럽의 경우 왕실의 전통과 명예를 유지해야 하는 왕실가(Royal Family) 소식은 패션, 연예, 가십(gossip)만 취재하는 파파라치들의 목표가 되는데, 영국 사회에서 왕세자빈 케이트 미들턴(Kate Middleton)의 패션이

부와 명예 모두를 가진 성공한 여성을 동경하는 심리는 대리만족과 공인에 대한 지지를 넘어, 이들을 삶의 롤모델로 삼고 또 일종의 거울 놀이를 하게 한다. 그래서 좋은 이미지를 생산해야 하는 연예인과 정치인, 또는 대기업 총수 같은 공인은 패션을 전략적으로 이용한다. 예를 들어 2013년 대한민국 최초의 여성 대통령이 된 박근혜 대통령은 여성들 사이에서 최고의 셀러브리티celebrity 가운데 한 명으로 꼽힌다. 박 대통령의 이념이나 정치적 비전, 혹은 능력은 그리 중요하지 않다. 그저 대한민국 최초의 여성 대통령이라는 타이틀, 독신이며 아버지의 대를 이은 대통령이라는 아우라aura, 드라마틱한 인생, 또는 이미지에 부합하거나 상승작용을 일으키는 아이템이 더욱 화제가 된 듯하다. 그렇게 주목받은 그녀의 패션 중 하나로 브로치를 들 수 있는데, 이는 이미 영국의 마거릿 대처Margaret Thatcher 수상이 전략적으로 활용한 바 있다. 또한 '박근혜 가방'이라 불리는 대통령의 핸드백이 대중의 관심을 끌기도 했다.

언론은 박 대통령이 대통령 당선인 신분 시절 인수위 행사에 참석할 때 들었던 가방이 '호미가'라는 브랜드로 128만 원짜리 제품일 것이라고 보도했다. 네티즌은 국산 제품을 애용하고 알

세간에 화제라면, 국내에서는 그의 여동생 피파 미들턴(Pippa Middleton)의 데일리 백(일상용 가방)에 대한 기사가 더 관심을 받고 있다(≪헤럴드경제≫, 2014.5.8).

리는 박 당선인에게 호감을 표하거나, 너무 비싼 가방이라며 비호감을 표시했다. 상황이 커지자 당선인 측은 공개 해명을 했다.

조윤선 당선인 대변인은 ≪중앙 SUNDAY≫와의 통화에서 "당선인에게 물었더니 '영세업을 하는 분이 작은 가게에서 만든 것'이라 하더라"며 "알려진 가격보다 훨씬 저렴한 제품"이라고 말했다. 박 당선인 측은 실제 가격과 언제 어디서 구입했는지는 밝히지 않았다. 하지만 한 친박계 인사는 "당선인은 브로치도 1만 5000원, 3만 원짜리를 다는데 100만 원이 넘는 가방을 들겠느냐"고 반문했다(≪중앙일보≫, 2013.2.3).

당시 대통령 취임식을 앞둔 상황에서 나온 관심이라 관계자의 해명대로 해프닝으로 볼 수도 있다. 하지만 전례 없이 대통령의 패션에 관심을 갖는 언론이나, 이를 해명하는 청와대의 '저렴한 제품', '국산 브랜드', '낡은 것', '영세 제품', '중소기업', '한국 패션 홍보대사', '신비주의' 같은 수사와 이의 과도한 강조는 오히려 부자연스럽다. 역설적이게도 같은 해 채널A에서는 박근혜 대통령의 가방으로 추정되는 타조 가방이 어디서 얼마에 판매되는가를 소개하면서, 박근혜 대통령 덕분에 매출이 급상승했다는 뉴스를 전했다. 자료화면에서 대통령이 든 가방이 어떤 가방인지 궁금해서 매장을 찾았다는 중년 여성은 타조 가방을 만지고 들어보면서 자세를 취한다(채널A, 2013.3.17).

우리는 '유행을 탄다' 또는 '유행이 흐른다'라는 표현을 쓴다. 즉, 유행은 한시적이고 유효기간이 있으며 흘러서 다시 돌아오거나 또는 영영 멀어져 잊힐 수 있는 것이다. 세월이 지나고 나면 더 이상 사람들이 '000 가방'을 들고 다니지 않을 수도 있는데, 이는 유행이 지나버린 탓도 있지만 물건에 대한 희소성이 떨어지면서 그것을 욕망했던 과거의 신비감 또는 만족이 줄어들기 때문이다. 그런데 이런 변덕스러운 유행을 따르는 것을 거부하는 여성들도 있다. 이들은 실용성을 중시하면서 환경을 고려하는 주체적 여성성이나 창의적이며 능동적인 소비자의 삶을 선택했기 때문에, 마트나 가게에서 비닐봉지 대신 장바구니 대용 에코백eco bag, 즉 친환경적 재질의 가방을 이용한다. 최근 국내에서 사용을 줄이자는 운동 차원에서 비닐봉지가 유료화되었고, 각종 로고와 슬로건이 장식된 에코백들이 유행하고 있는 상황은 이런 변화를 보여준다.

드라마 속에서 에코백을 들었던 여주인공 김남주가 의식 있는 신세대 직장 여성의 이미지로 화제가 된 적이 있다(≪한경닷컴≫, 2012.6.18). 사실 에코백은 오래전부터 주부들의 장바구니로 존재했지만, 2007년 영국의 디자이너 아냐 힌드마치Anya Hindmarch가 "I'm not a plastic bag(나는 비닐봉지가 아니야)"이라는 슬로건을 적은 천 가방을 내놓으면서 붐이 일어나기 시작했다.

길거리에서 쉽게 찾아볼 수 있는 에코백(좌: 에코백을 멘 여성, 우: 매장에서 판매되는 다양한 종류의 에코백).

아냐의 환경운동 메시지가 담긴 에코백이 공익 마케팅에 활용되면서 많은 기업과 단체가 기업의 사회 공헌 활동이나 공익 마케팅 프로모션을 위해 기념품과 판촉물로 활용하고 있다. 이렇게 좋은 취지에서 에코백이 전 세계적으로 유행하지만, 때로는 에코백을 제작하는 데 환경 유해성 재료가 사용되어 친환경적인 것과는 거리가 멀어지는 사례도 쉽게 발견된다.

패션의 완성: 신발 수집, 가방과 신발 맞추기

최근 방송에서 젊은 연예인들의 신발 수집 또한 화제가 된 적이 있다. 김신영, 서인영, 샘 해밍턴, 데프콘은 방송에서 자신들이 수집한 운동화를 자랑하기도 했는데, 데프콘은 한 예능 프로그램에서 가수 지드래곤이 운동화를 모으기 시작하면서 자신이 수집하는 운동화 가격이 올라 구하기 어려워졌다는 농담을 하기도 했다.[10] 이들은 본인이 숭배하는 스타의 이미지가 담긴 한정판 신발을 구매하려는 것이므로 이들에게 신발 본연의 용도는 그리 중요하지 않다. 신발이 이들에게는 애착의 대상인 셈이다. 특히 젊은이들은 신발을 구매할 때 기능이나 가격보다 인기 연예인의 신발이라는 광고 문구와 제품의 브랜드 이름에 더 열광한다. 그런데 하나의 브랜드나 스타일을 고집하기 힘든 여성들은 고민이 많다. 예를 들어 여성들은 계절과 장소, 그날의 패션에 따라 그에 맞는 가방과 신발의 디자인을 고민한다. 패션의 완성을 위해 가방과 신발(가방이 아니면 신발이라도)을 신경 써야 하기 때문이다. 한국 사람 특유의 하나에서 열까지 모든 것을 갖추어야 하는 '세트문화'와 남에게 보이기 위한 '과시문화'가 여전히 일상 속에 잔재한다. 특히 유명 핸드백을 장만했다면 같은 수준의 유명 브랜드 로고와 장식이 달린 구두를 신어야 예의라는 생각 탓에, 젊은이들 사이에서는 이미 가방과 신발 브랜드의 서열화가 널리 퍼지고 있다. 특히 〈표 4.3〉에서 보다시피, 국내외 유

---

10) MBC의 TV 프로그램 〈라디오 스타〉에서 가수 데프콘이 미국 농구선수 마이클 조던이 기념비적 경기에서 착용한 모델의 시리즈 구매에 대해 이야기했다. 그러자 포털사이트에서는 '조던 11'이 실시간 급상승어 1위가 되었고, 지드래곤의 운동화도 화제가 되었다.

〈표 4.3〉 유명 가방과 신발이 함께 있는 국내외 브랜드들

ALEXANDER MCQUEEN, ALEXANDER WANG, BALENCIAGA, BALLY,
BALMAIN, Benetton, Bottega Veneta, CELINE, CHRISTIAN LOUBOUTIN,
COACH, DKNY, DOLCE&GABBANA, FENDI, GIVENCHY, GUCCI, Isabel
Marant, JILLSTUART, JIMMY CHOO, Manolo Blahnik, Marc by Marc Jacobs,
MarcJacobs, Miu Miu, Neil Barrett, NINA RICCI, PRADA, Saint Laurent,
Salvatore Ferregamo, STELLA MCCARTNEY, Thom Browne, TOM FORD,
Tory Burch, Valentino, Versace, Vivienne Westwood

명 브랜드의 가방과 신발의 경우 브랜드 이름이 모두 외국어임
을 알 수 있다.

보통 여성들의 신발장에는 단화, 로퍼, 샌들, 슬리퍼, 운동화,
캐주얼 구두, 정장 구두, 앵클부츠, 방한 부츠, 롱부츠 등 다양한
디자인과 브랜드의 신발들이 늘 대기 중이다(그들은 적어도 당연
히 그래야 한다고 생각한다). 그리고 앞서 이야기한 명품 가방의 사
례처럼, 럭셔리 명품 브랜드의 신발을 신고 나갈 수 있어야 내가
주류 문화에 속해 있다는 안도감과 자존감을 느낀다.

20대가 선정한 2014 상반기 베스트 브랜드를 보면, 20대 여성
이 선호하는 수입 럭셔리 브랜드는 샤넬(18%), 프라다(11%), 디오
르(10%), 겐조KENZO(10%), 비비안웨스트우드Vivienne Westwood(9%),
구찌(9%), 버버리(9%), 기타(24%)라고 한다. 그리고 20대 여성이
선호하는 구두 브랜드는 금강(23%), 슈콤마보니SUECOMMA BONNIE
(18%), 소다(18%), 나인웨스트NINE WEST(10%), 에스콰이아ESQUIRE

(9%), 탠디TANDY(8%), 게스GUESS(8%), 키사KISSA(4%), 기타(2%) 순이다. 럭셔리 브랜드라고 하면 수입 명품을 의미한다고 볼 수 있는데, 20대 여성들이 선호하는 구두 브랜드는 금강, 에스콰이아, 탠디, 소다 등 국내 브랜드가 강세이다. 사실 세계 구두 시장에서 국내 구두는 기술력은 있지만 디자인과 마케팅에서 뒤처져 브랜드 경쟁력이 낮은 편이다. 그러나 국내 시장에서는 많은 소비자가 국내 브랜드를 더 선호하는 것으로 알려져 있다.

하지만 2010년 이후 대한민국에 여러 수입 SPASpeciality Retailer of Private Label Apparel 브랜드가 상륙하면서 패션에 대한 소비자들의 인식과 소비는 빠르게 변하고 있다. SPA라 부르는 글로벌 대기업들은 최근 급변하는 패션 트렌드에 맞춰 스피드, 트렌드, 저렴한 가격을 내세워 패션 시장을 공략하기 시작했는데, 고객 수요와 시장 상황에 따라 다양한 제품을 1~2주 만에 대량으로 공급해 유통까지 하고 있다. 국내 시장은 GAP(신세계 인터내셔날), 유니클로(에프알엔코리아), ZARA(자라리테일코리아), H&M(에이치앤엠 헤네스앤모리츠), 망고(망고코리아) 등 수입 브랜드가 장악하고 있으며 2011년 시장 규모만 1조 9000억 원을 훌쩍 넘어섰고, 이들은 연간 50% 이상씩 성장하고 있다(≪소비자가 만드는 신문≫, 2013.3.12).

물론 수입산 SPA 브랜드에 패션 시장을 모두 내줄 수 없다고 생각한 국내 대기업들은 시대적 흐름에 맞춰 국산 SPA 브랜드

홍대입구역 근처 SPA 브랜드 가게의 모습.

를 연달아 론칭하고 있다. 예를 들면 삼성 제일모직은 세련된 이미지를 강조한 에잇세컨즈8seconds를, 이랜드는 유니클로와 비슷하지만 조금 더 저렴한 가격으로 승부하는 스파오SPAO를 선보였고, 여성을 타깃으로 한 여성 SPA 브랜드 미쏘MIXXO와 청소년과 젊은 학생 소비자를 겨냥한 스태프STAFF도 론칭했다. 그 밖에도 롯데는 캐주얼 브랜드 탑텐TOPTEN을, 아이올리는 20대 여성을 겨냥해 랩LAP을 론칭했다. 그런데 대형 SPA 매장이 도심 쇼핑가를 점령하면서, 패션의 메카였던 남대문과 동대문, 명품과 개인 디자이너의 가게들이 늘어서 있던 홍대, 이대, 압구정 패션 거리

홍대입구역 근처 SPA 브랜드 가게에 물건이 진열된 모습.

는 사라지고 있다.

신발 공장을 방불케 하는 SPA 매장의 신발은 가격과 양으로 승부하는 모습으로 진열되어 있다. 저가의 다양한 신발이 대량으로 공급되는 이곳에서는 성별과 연령대 그리고 디자인에서 다양한 신발을 찾을 수 있는데, 흥미로운 점은 '(Made in) China, Indonesia, Philippine, Bangladesh, Vietnam, Turkey, India'와 같이 인건비가 저렴한 후발 개발도상국들의 제조국 표시를 쉽게 발견할 수 있다는 사실이다. 근대 산업사회에서 신발은 중요한 무역 상품으로 자국 생산제가 타국에서 소비되는 대표적인 사례가 되었다. 하지만 여전히 신발 제조업의 핵심인 디자인, 소재, 부품 개발 같은 영역은 선진국이 독점하고 있고, 대부분의 제조국은 단순 조립과 하청만을 맡고 있다. 물론 불과 십수 년 만에 세계의 경제를 위협할 만큼 성장한 중국이 선진국과 기술 제휴를 통해 제품을 자체 생산하고, 이에 막대한 자본을 투자하고 있어 향후 상황이 어떻게 변할지는 예상하기 어렵다.

실제 오늘날 자본주의 사회에 살고 있는 많은 사람은 필요 이상의 신발을 소비한다. 2013년 ≪World Footwear Magazine≫의 자료에 따르면, 국가별 신발 총소비량의 경우 1994년 이후 중국, 인도, 기타 아시아 지역의 수요가 크게 증가했지만, 유럽과 미국이 여전히 주요 소비국으로 국가별 1인당 신발 소비량을 보면 그 차이를 발견할 수 있다. 2009년 기준 중국과 나이지리아는 1.8족인데 미국은 6.7족, 유럽은 5.1족이다. 그리고 2024년에도 이러한 격차는 변하지 않을 것으로 전망하고 있다(박광철, 2014, 71~72쪽).[11] 미래에도 사람들의 신발 소비 형태는 바뀌지 않을 것이라는 예측이다. 이런 소비 행위는 이미 물신화되어 사람들이 개인의 취향과 기호를 중시하기보다는 사회적 관계, 즉 타인의 시선에 순응하기 위해 소비를 하는 자신을 발견하지 못

---

11) ≪World Footwear Magazine≫은 2024년 국가별 1인당 신발 소비량을 나이지리아 2.6족, 중국 3.6족, 인도 4.1족, 미국 8.7족, 유럽 6.4족으로 예상하고 있다(박광철, 2014).

한다. 오히려 그저 유행을 따르는 패션 감각 있는 현대인의 일상은 획일화되고 표준화된 상품을 소비하고 끊임없이 욕망하며 다시 소비하고 또 소비하기를 멈추지 않는다.

인간은 거울 속의 자신이 실제의 나와 다르다는 것을 깨달으면서 나와 타자를 구별하기 시작한다. 보이는 것으로 타자와 자신을 둘러싼 세계를 인지하고 상상한다. 나의 이미지를 나의 실체로 간주하면서 동일시하기도 하는데, 나이에 맞는 다양한 경험과 사회생활을 통해 우리는 정체성identity의 본질을 찾고 있다(Lacan, 2001; 김석, 2010; 최은경, 2014: 8). 하지만 '나는 누구인가'라는 질문은 근대사회 이후 여러 가지 복잡한 현상과 사건들로 오늘날 그리 중요한 문제가 되지 않는 것 같다. 나는 그저 다른 누군가와 다르거나 혹은 같으면 그만이다. 그리고 인간의 의식과 사회가 이러한 지배적 가치와 생각에 매몰되면서 점점 나를 찾는 일은 어려운 것으로 여겨지는 듯하다. 좀 더 구체적으로 이야기해보자.

우리는 어떤 목적을 가지고 매일 신발을 신고 있을까? 신발은 일차적으로 발을 보호하고 감싸며 피로감을 덜하게 해주는 기능을 가지고 있다. 그래서 신발은 인간의 삶에서 유용한 도구 중 하나이다. 구두는 어떠한가. 아서 버거Arthur Berger는 인간이 구두를 신는 이유는 기능적 측면에서 흙먼지와 자갈, 빗방울로부터 발을 보호하고, 추운 날씨에는 발을 따뜻하게 지키며 습한 날씨

엔 보송보송하게 유지하기 위함에 있다고 했다(버거, 2011). 하지만 구두는 이미 사회적 관계에서도 중요한 상징이 되고 있다. 예컨대 구두는 남들에게 자신을 드러내 보이는 중요한 방식 가운데 하나로 작동하고 있으며, 특히 여성들의 구두는 성적인 측면에서도 흥미로운 해석이 가능하다. 동화와 민담에 등장하는 여성의 구두는 왕자님 같은 능력 있는 남성을 만날 수 있게 하는 중요한 연결고리의 역할을 한다. 실제 고대 로마 사회에서는 결혼식에 초대받은 모든 남자가 신부에게 신발을 신겨보는 풍습이 있었는데, 오직 신랑만이 신부의 신발을 제대로 신길 수 있었다고 한다(손은주, 2000).

이후 신발의 주인을 찾기 위해 소녀들에게 두루 신발을 신겨보는 남성들의 신발 시험은 오랜 결혼 풍습의 잔영이 되어 '신데렐라'와 '콩쥐팥쥐'처럼 동서양에 공히 영향을 주었다. 그러나 근본적으로는 결혼이라는 혼인제도에서, 여전히 남성이 선택권을 가진 사회적 의식이 내재되어 있음을 알 수 있다. 그리고 우리는 여전히 이러한 전통과 풍습에 뿌리를 두고 있는 가부장적이고 남성 중심적인 이데올로기를 비판 없이 우리의 아이들에게 전해준다.

한편 중국의 전족纏足 풍습은 남성의 시각에서 해석되는 성적인 이유뿐 아니라, 당시 자신이 높은 신분의 여성이라는 것을 과시하기 위한 수단이 되기도 했다. 10세기 초반, 송나라 때 시작된 이 풍습은 6세 이하 어린 소녀의 발을 목면 붕대로 감아서 형태를 변형시키는 것으로, 밭에 나가 험한 일을 할 일이 없는 부유한 계층의 여성들에게만 내려오는 풍습이었다. 1000년간 이 풍습이 지속되었는데, 1949년 중국 공산당이 정권을 잡고 나서야 전족 폐지 법령이 만들어졌다.[12] 전족이 여성을 학대하는 것이라는 인식이 이후 왜 구체적 저항과 변화로 이어지지 못했는지도 흥미로운 주제일 것이다.

소비하며 생각하기

근대 자본주의 사회에서 살고 있는 현대인들은 화폐와 재화를 교환한다. 즉, 노동과 자본이 투여되어 생산된 재화는 이를 필요로 하는 사람에 의해 화폐로 가치가 매겨지고 교환된다. 그런데 문명이 발달하면서, 노동과 자본 투자에 대비해 다양한 재화가 대량으로 생산되고 있다. 생계와 무관하거나 최소한의 사회 활동에 필요한 것 이상의 옷과 가방과 신발이 오늘도 저임금 개발도상국 노동자의 손을 거쳐 대량으로 생산된다. 이들의 몇 달 또는 몇 년 임금을 훌쩍 뛰어넘는 비싼 명품 핸드백이 어느 사회에서는 국민 브랜드로 불리면서 엄청난 열풍을 일으키고 있

---

12) 전족 풍습은 1912년 중화민국이 수립되면서 금지됐지만 쉽게 사라지지 않았고, 1949년 전족 폐지령이 강력하게 시행되면서 중단되었다.

다. 자신이 감당할 수 있는 소득 이상의, 또는 필요 이상의 물건을 계속해서 사들이면서 정서적 허기를 달래야만 하는 소비주의 시대, 개인은 소비사회가 강요하는 관성과 압력에 저항하지 못하며 건강한 소비, 주체적인 삶이 무엇인지 고민할 틈조차 없다.

후기 산업사회가 도래한 이래, 현대인들은 대량생산되는 명품을 대량으로 소비하고 있다. 상품으로서의 가치를 인정받기 위해 희소성을 대표했던 명품은 멋과 품질에서 앞서지만, 바로 그 이유 때문에 누구나 가질 수 없는 귀한 물건이었다. 하지만 현대 대중사회는 우리로 하여금 다양한 미디어와 상징조작을 통해 나도 누구처럼 명품을 소유할 수 있다는 환상을 부추기고 있다. 규격화되고 표준화된 대량소비 사회를 극복할 수 있도록 개인의 자유와 취향이 존중되는 것이 아니라, 오히려 다시 그런 사회 안으로 편입하도록 떠밀고 있는 것이다. 오늘날 사람들은 도처에 편재한 광고와 미디어가 선사하는 이미지의 세계에 갇혀 살고 있다. 광고 없는 세상은 더 이상 존재하지 않는 것만 같다. 하지만 여전히 과소비나 소비 중독, 배금주의 같은 문제는 개인의 탓으로 간주된다.

예컨대 10대를 비롯한 젊은 세대의 물신주의와 이를 조장하는 사회에 대한 이해는 여전히 부족하다. 그리고 허위의식이나 물질에 대한 과도한 집착과 소비행태를 자본주의 사회하의 개인적인 문제로만 여기는 것에는 한계가 있다. 즉, 이들이 시장과 자본이 원하는 '소비자 훈련층'으로 전락하지 않도록 적극적인 사회적 논의가 필요하다. 이제는 아무리 소비해도 채울 수 없는 갈증, 공허함과 허기는 개인의 의지로만 채워지거나 해소될 수 있는 것이 아니라는 사실을 함께 나누고 이야기해야 할 때이다. 물신이 지배하는 사회, 우리의 브레이크 없는 질주에서 이제 창의적인 일탈과 실험, 그리고 대안적 전망을 모색해야 한다. 물론 이 책 전반에서 암시되고 있듯 소비 행위가 주는 심리적 혹은 비심리적 영역에서의 쾌락과 자기효능감에서 그 단초를 발견할 수도 있을 것이다. 이를 위해 소비를 권하는 우리 사회의 구조적 조건과 우리의 소비 행위는 무엇을 의미하는지에 대한 지속적인 공론의 장이 필요하다. 그리고 공론의 장에서 우리는 다양한 삶의 가치를 존중하고 공유하며 나눌 수 있어야 한다.

예를 들어 2006년 창립한 미국의 '탐스슈즈TOMS shoes'의 창립자는 자신의 남다른 가치관을 경영에 적용한 특이한 방식의 마케팅을 시도했다. 즉, 소비자가 한 켤레의 신발을 구입하면 한 켤레의 신발이 제3세계의 아이에게 기부되는 '일대일 기부 방식One for one'을 도입한 것이다. 그리고 '내일을 위한 신발Shoes for Tomorrow'이라는 슬로건을 내세우면서, 맨발로 다니며 오염된 땅이나 위험한 거리에 노출된 아이들과 신발이 없어서 학교를 다닐 수 없는 저개발국가의 아이들을 돕기 위한 소비를 제안했다. 이른바 '착한 소비'를 유도한 것이다. 결국 유명인들도 착한 소비에 참여하면서 탐스슈즈는 기존의 상업주의가 의존하는 주류 매체의 광고에 힘을 빌리기보다는 소비자들의 자발적인 홍보나 소셜네트워크서비스SNS 같은 개인적 관계망 서비스를 통해서 빠르게 이름을 알렸고, 현재 30여 개국에 신발 매장에서 판매되는 글로벌 브랜드로 성장했다. 또한 탐스슈즈는 일대일 기부뿐만 아니라, '슈 드랍Shoe Drop'이라는 행사를 매해 개최해 기부를 독려하고 지원 대상 국가를 확대시키고 있으며, 비영리단체 'Friends of Toms'도 설립해 '신발 없는 하루' 캠페인도 열고 있다(toms.com).

물론 안타깝게도 현실 세계는 우리가 상상하는 것보다 엄혹하고 냉정하다. 예컨대 돈으로 가치를 매길 수 없을 만큼의 상징과 이미지를 생산하는 누군가는 평범한 임금 노동자의 1년 연봉에 해당하는 가격의 핸드백을 손쉽게 소비하고 있다. 이에 반해 보통 사람들은 이러한 꿈조차 꾸지 못하거나 귀하고 좋은 물질을 소비하고자 하는 자신의 욕망 자체를 스스로 억눌러야 하는 경우가 대부분이다. 그리고 더 나은 삶, 더 나은 소비 활동, 미래를 위해 자신의 노동을 담보로 앞만 보고 달린다. 아무도 주변을 돌아보려 하지 않는다. 우리는 소비하는 과정에서 어떤 생각을 하고 어떤 실천을 해야 하는가? 과연 미래를 바꿀 새로운 생각과 실천을 할 수 있을까? 소비를 권하는 사회 속에서 영혼을 잃은 현대인의 무표정한 얼굴 이면에 자리한 소비를 향한 끝없는 욕망이 우리가 원하던 주체나 삶과 사회는 결코 아닐 것이다. 우리가 원하는 삶과 사회가 무엇인지 먼저 우리 스스로 치열하게 고민하며 함께 질문하고 대답을 찾아야 할 때이다.

참고문헌

공지영. 2008. 『네가 어떤 삶을 살든 나는 너를 응원할 것이다』. 서울: 오픈하우스.

김난도. 2010. 『아프니까 청춘이다: 인생 앞에 홀로 선 젊은 그대에게』. 파주: 쌤앤파커스.

____. 2012. 『천 번을 흔들려야 어른이 된다: 세상에 첫발을 내디딘 어른아이에게』. 파주: 오우아.

김석. 2010. 『무의식에로의 초대: 프로이드와 라캉』. 파주: 김영사.

김종법. 2014. 『거품과 냄비: 한국 패션의 문화정치학』. 서울: 학민사.

나종연 외. 2010. 「한국의 명품 모조품 소비: 누가, 무엇을 왜 소비하는가」. ≪소비자학연구≫, 제21권 제1호, 273~298쪽.

마르크스, 카를(Karl Marx). 2012. 『정치경제학 비판 요강』. 김호균 옮김. 서울: 지식을만드는지식.

박광철. 2014. 「신발산업의 명품화 추진과 디자인 방향에 대한 연구」. ≪디지털디자인학연구≫, 제14권 1호, 68~76쪽.

버거, 아서 아사(Arthur Asa Berger). 2011. 『애착의 대상: 기호학과 소비문화』. 엄창호 옮김. 서울: 커뮤니케이션북스.

손은주. 2000. 「신데렐라 형 민담의 의미와 역사」. ≪뷔히너와 현대문학≫, 제14호.

심영섭. 2014. 「물신으로서의 커뮤니케이션」. 김세은 외 지음. 『커뮤니케이션의 새로운 은유들』. 서울: 커뮤니케이션북스.

아감벤, 조르조(Giorgio Agamben). 2008. 『호모 사케르: 주권권력과 벌거벗은 생명』. 박진우 옮김. 서울: 새물결.

우석훈·박권일. 2007. 『88만원 세대: 절망의 시대에 쓰는 희망의 경제학』. 서울: 레디앙.

이준영·김난도. 2007. 「명품의 소비욕망: 심층면접을 통한 '욕망의 삼각형이론'의

적용」. ≪소비자학연구≫, 제18권 제2호, 41~58쪽.

조혜덕. 2011. 『명품의 조건: 샤넬에서 스와치까지 브랜드에 숨은 예술 이야기』. 파주: 아트북스.

주창윤. 2013. 『허기사회: 한국인은 지금 어떤 마음이 고픈가』. 파주: 글항아리.

최은경. 2014. 『글로벌 미디어와 문화경계』. 서울: 커뮤니케이션북스.

한병철. 2012. 『피로사회』. 김태환 옮김. 서울: 문학과지성사.

한수진. 2007. 「명품구매 경험에 따른 명품구매행동분석」. ≪한국가정관리학회지≫, 제25권 3호, 137~149쪽.

혜민. 2012. 『멈추면 비로소 보이는 것들: 혜민 스님과 함께하는 내 마음 다시보기』. 파주: 쌤앤파커스.

Lacan, Jacques. 2001. 『Ecrits』. trans Alan Sheridan. London: Routledge.

Prokop, Deiter. 2002. 『Mer Medien-Kapitalismus. Das Lexikon der neuen kritischen Medienforschung』. Hamburg: VSA-Verlag.

≪뉴스엔미디어≫. 2009.9.15. "이영애 고급 명품백에 네티즌들 궁금증 폭주 '브랜드는? 가격대는?'".

≪소비자가 만드는 신문≫. 2013.3.12. "유니클로 등 수입 SPA 브랜드 의류는 '일회용'?"

≪연합뉴스≫. 2011.11.28. "'벤츠 女검사' 청탁대가 샤넬가방 받은 정황".

≪중앙일보≫. 2013.2.3. "'명품논란' 박근혜 새 가방, 가격 알아보니".

채널A. 2013.3.17. "박근혜 대통령의 타조 가방? 진주 브로치 전격 해부!", 〈스타일A〉, 2회.

≪한겨레≫. 2014.7.8. "외국인 1만명 넘게 사는 시·군·구 모두 49곳".

≪한경닷컴≫. 2012.6.18. "'넝쿨당' 김남주도 들었다! 친환경 '에코백'이란?"

≪헤럴드경제≫. 2014.5.8. "'피파 미들턴의 데일리백' 모달루 잉글랜드 국내 론칭".

≪Luxury Society≫. 2012.6.27. "The most searched for Handbag Brands in the World".

≪ITN≫. 2014.6.5. 「20대 소비자가 선정한 2014 상반기 베스트 브랜드」.

TOMS 홈페이지 http://www.toms.com/international

〈부록 4.1〉 국내 의류, 가방, 신발, 패션 잡화 브랜드와 제조사 이름

브랜드 이름	회사명
REGAL, RICHARD, Renoir, diamond, ESPRENDOR, Buffalo, XENIA, VIGEVANO, renoma, BioSOF, HERITAGE REGAL, BRUNOMAGLY, LANDROVER, LAUREL, Freeway, Freebelle, VALLEVERDE, WAKY'NTAKY	금강*
BLU PEPE, CC collect, ZOOC, MOJO.S.PHINE, DEW L	대현
Radice	대원실역
BASIC HOUSE, RRIG, MIND BRIDGE, THE CLASS, JUCY JUDY	더베이직하우스
BA&SH, UGIZ, CRUX, US N THEM, BONNIALEX, D-PULSE	더휴컴퍼니
THEHEE	더히
SOUP, VISIT IN NEWYORK, SweetSOUP, AD HOC, DECADENCE, +S C.U.E.	동광인터내셔날
Arnold Palmer, CARTE BLANCHE	동일레나운
THE-EARTH, Drife	디얼스컴퍼니
J.ESTINA	로만손
TASSE TASSE, HERRBON	롯데백화점
Linoui	리누이
DOHC, ASK	리얼컴퍼니
MONSAC	명실업
DOUBLE M, LOVECAT	발렌타인
BANGBANG	뱅뱅어패럴

ON&ON, Olive des Olive, COIINCOS, W., BAND OF PLAYERS, Lapalette, MOST by lapalette, STAGE 89	보끄레머천다이징
SAFI	사피코리아
CHATELAINE	샤트렌
MCM[1]	성주디앤디
BEQUEM	성준인터내셔널
SAERA	세라제화
INDIAN, TREMOLO, LONDIC, PAULBEY, OLIVIA LAUREN, ANTHEM, HERITORY, ANN CLIFF, INDIAN COLLECTION, ANTHEM COLLECTION, OLIVIA EL, NII, CHRIS.CHRISTY	세정
SODA	소다*
IMPERIAL, WILLIAMSBURG, BLACK MARTINE SITBON**, MARTIN SITBON PRIVE[2]	슈페리어
MICHAA, it MICHAA, CALLIA, 'S SOLEZIA, COMING STEP, LEWITT, KELBURN	시선인터내셔널
ZIOZIA, AND Z, OLZEN, TOPTEN 10, UNIONBAY	신성통상
VOV, g_cut, DESIGN UNITED, JAJU	신세계인터내셔날
besti belli, SI, VIKI, ISABEY, SIEG, SIEG FARENHEIT, VanHart di Albazar, CESTI	신원
Lavisant	신진공예사
Husky Newyork	쓰리세븐 상사
arnaldo bassini	아마넥스
BNX, TANKUS, kai-aakmann	아비스타

GIVY, KEITH, RENEEVON, MAJE, MARIMEKKO, PATAUGAS, IL BISONTE, SANDRO, CLAUDIE PIERLOT	아이디룩
EGOIST, McGINN, PLASTIC ISLAND	아이올리
ITSBAG	아이티에스파트너
QUEM	아인데코
PELLE BORSA	애사실업
Bana Bana	어레인지
NINEFIT, BE@TOY	에리트베이직
VINCIS BENCH, RHIZLIZA	에스제이듀코
STCO, VINO, DIEMS, ROOM,ET, CODI GALLERY, ZERO LOUNGE	에스티오
POLHAM, EMPOLHAM, TEAMS POLHAM	에이션패션
I.M.Z PREMIUM	에프지에프
YEZAC, BON, BON G.FLOOR, CARRIES NOTE	우성 I&C
ungaro, BOSTON MANOR	원풍물산
MIXXO, 2me, Roem, TheDAY, CLOVIS, TERESIA, MONTINI, DECO, EnC, 96 Newyork, DIA, ANA CAPRI, SPAO, WHO.A.U., Teenie Weenie, R.Athletic Jeans, STAFF, LLOYD, clue, O.S.T., vianni	이랜드월드
SHESMISS, LIST	인동에프엔
JOINUS, COMPAGNA, YETTS, y'sb, TRUGEN, S+ by trugen, TATE	인디에프
JESSI Newyork, Alexis N	제시앤코
8seconds, 10 CORSO COMO SEOUL, BEANPOLE, Bike Repair Shop, COLOMBO[3], GALAXY, KUHO, HEXA by KUHO, LEBEIGE, MELISSA, MVIO, ROGATIS, EPITAPH, LANSMERE, Juun.J, PAL ZiLERI, RAPIDO, 노나곤(NONA9ON)	제일모직

BRERA	주영
Thursday Island, T.I FOR MEN, ELOQ, LOUDMUT	지앤코
TBJ, ANDEW, BUCKAROO, NBA	지오다노
codes combine	코데즈컴바인
customellow, 캠브리지, 지오투(GGIO2), brentwood, SPASSO, Lucky Chouette, Jardin de Chouette, QUA, Henry Cottons, Series, RE;CODE, COURONNE, suecommabonnie	코오롱인더스트리
루이까또즈[4]	태진인터내셔날
TANDY, BECCACCINO, MISHALL, MENVIN	탠디*
TOMBOY	톰보이
PARKLAND, J.HASS, CABRINI, AUSTIN REED, PRELIN, VOSTRO, Peri Jensen, CHESTER BARRIE	파크랜드
Crocodil Ladies, Chatelaine, Olivia Hassler, Ragello, CMT, Carries Note, Arnaldo Bassini, BON, BON g-floor, YEZAC	패션그룹형지
PAT	평안 엘엔씨
HAVIANOO	하비아누
SJSJ, SYSTEM, MINE, TIME, SYSTEM homme, TIME homme, DECKE	한섬
LeShop	현우인터내셔날
HELIANTHUS	힐리앤서스
Yhel	BAGUDESIGN
viamonoh	CJ상사
MLB	F&F
DAKS, HAZZYS, MAESTRO, TOWNGENT, IL CORSO, TNGT, MOGG	LF(구 LG패션)
Obzéé, rouge & lounge, 오즈세컨(O'2nd),	SK네트웍스

세컨드플로어(2econd floor)	
elunani	TBAT

*: 국내 20대 여성들이 선호하는 구두 브랜드

1) MCM은 독일의 가죽제품 브랜드로 한국 내 판권을 보유한 성주그룹이 2005년 본사 지분 전량을 인수했다.

2) 블랙마틴싯봉(BLACK MARTIN SITNBON)과 마틴싯봉프리베(MARTIN SITBON PRIVE)는 프랑스의 유명 패션 브랜드로, 슈페리어가 프랑스 파리 마틴싯봉딜라이트 본사 및 52개국 마틴싯봉 판권을 인수했다. 마틴싯봉의 글로벌 유통은 슈페리어 계열사인 슈페리어홀딩스가 담당한다.

3) 콜롬보 비아 델라 스피가(COLOMBO Via Della Spiga)는 이탈리아의 명품 브랜드로 지난 2011년 삼성 제일모직이 '콜롬보' 소유주인 '모레띠' 가문으로부터 지분 100%를 인수했다. 국내에는 2003년부터 유통업체 오르비스인터내셔널이 아시아와 국내 판권을 갖고 유통을 해왔으며 제일모직에 인수된 후에는 오르비스인터내셔널 대표(이혜경)가 크리에이티브 디렉터 역할을 담당하고 있다.

4) 루이까뚜즈(Louis Quartorze)는 프랑스의 유명 패션 브랜드로 태진인터내셔널이 1990년 루이까뚜즈 라이선스를 획득해 국내에 론칭했고, 2006년 11월 프랑스 CDV 본사를 인수해 루이까뚜즈 브랜드의 소유사가 됐다.

제 5 장

전원주택의
불안한 물질문화

이영주

물질문화로서의 집

물질문화物質文化(material culture)란 어떤 사회나 문화가 포함하는 인공물의 총체를 말한다. 즉, 물리적인 세계에 대처하고 사회적인 교류를 용이하게 하며, 즐거운 상상을 촉진하거나 상징적 의미들을 창조하기 위해 인간이 만들고 이용하는 광범위한 인공물을 의미한다(Schlereth, 1983: 112). 그래서 인간은 항상 물질문화를 형성하고 이 내부에서 살아간다. 인간은 항상 사물이나 물질적인 것, 특히 인공물과 관계를 맺는다. 그런데 이 인공물들은 특정한 시대와 사회 집단들의 가치, 관념, 태도나 신념을 반영한다. 인간이 만들고 변형하는 모든 사물과 대상은 이것을 생산하고 변형하며 사용하는 인간이나 사회의 신념이나 가치를 의식적/무의식적으로, 직접적/간접적으로 내재한다. 따라서 모든 인공물은 곧 '문화'적인 것으로 순환되고 공유된다. 인류학자나 문화사가文化史家들이 인공물의 문화, 즉 물질문화에 관심을 기울이는 이유 또한 인공적인 사물과 물질이 가지게 되는 사회적인 삶과 이에 담겨 있는 수많은 의미들을 찾아내기 위해서이다. 모든 인공물은 단순한 사물이 아니라 인간처럼 생명을 가지고 모든 시대와 사회 그리고 공동체 내부와 공동체 사이(間)에서 순환되는 과정을 통해 생로병사[1]를 겪으며 특정한 의미와 가치를 풍부하게 가지게 된다. 인공물은 다른 인공물과 관계를 맺으며 엄청난 양과 범위에 걸쳐 생산되는 인공물의 역사를 형성하고, 물질문화에 대한 관심은 결국 인간과 사회를 해부할 수 있는 매개체가 된다.

예술 작품, 책, 장난감, 식료품, 보석, 의복, 헤어스타일, 건축, 가구, 기계, 자동차, 악기 등 여러 유형의 인공물은 특정한 시대와 사회의 '문화데이터cultural data'이다(Prown, 1982: 3). 우리는 이 문화데이터로서의 인공물을 통해 그 시대와 사회 속 인간의 삶이 가진 표층과 심층의 구조, 의미를 읽어낼 수 있다. 인공물에 대한 탐구는 인공물과 상호작용하는 인간의 복합적인 삶을 이해하게 해주고 인간의 관념, 신념, 관습이나 가치체계와 같은 비非물질문화에 대한 통찰력을 제공한다. 더 나아가 우리는 물질문화를 통해 기록되지 않은 더 많은 진실을 발견한다. 즉, 사람들이 인공물의 생산과 유통, 소비와 이용의 과정에서 드러내는 진실된 기대와 소망, 욕구와 욕망, 믿음과 상상을 발견하게 된다. 그래서 물질문화에 대한 관심은 사회와 문화에 대한 그 어떤 기록물보다 더 진실된 해석의 통로를 만드는 것이기도 하다.

지금 우리의 모습을 보자. 무엇을 만들어내고, 이용 혹은 소

---

1) 인공물이 만들어지고 널리 혹은 오래 사용되는 것, 잘 쓰이지 않거나 완전히 소멸되는 것 등의 과정을 인생의 과정에 비유한다면 인공물의 생로병사라 표현할 수 있을 것이다.

비하며, 소유하고자 욕망하는가? 물질적인 것은 대량으로 쏟아지는 상품, 예술품이나 미디어 콘텐츠, 수공예품, 디지털 가전기기 등을 모두 포함한다. 또 이것들은 수많은 사람들에 의해 광범위하게 소비되는 것일 수도 있고, 제한된 지역이나 공동체에서 이용되는 것일 수도 있으며, 개인이나 가족만이 사용하는 것일 수도 있다. 하지만 중요한 질문은 물질적인 것과 우리의 관계가 어떻게 형성되어 있으며, 거기에 어떠한 가치와 의미를 부여하는지, 그리고 일상의 시공간 속에서 우리를 둘러싼 물질적인 것들이 어떠한 사회적 생명을 부여받고 순환되며 이것이 의미하는 바가 무엇인지와 관련된다. 따라서 우리는 인공물의 실제적인 물질성 그 자체보다는 그 인공물의 생산(제작)과 순환, 이용(소비)의 사회적 과정과 문화적 의미화를 중요하게 다루어야 한다. 이렇게 함으로써 인공물은 매우 복잡한 사회문화적 데이터가 되며, 인공물이 특정한 사회적 관계, 가치, 관념과 경험들을 어떻게 객관화하는지를 발견할 수 있다. 더 나아가 우리는 인공물의 생산과 소비를 둘러싼 이데올로기나 특정한 취향과 욕망의 헤게모니(Vannini, 2009: 15~16)와 같은 물질문화의 정치적 측면들을 생각할 수 있다.

우리가 거주하는 집 또한 대표적인 물질문화 가운데 하나이다. 집은 개인과 가족의 재생산을 위해 필요한 물리적인 거주 공간일 뿐 아니라 항상 특정한 재료와 스타일, 구조와 모양, 적절한 위치나 장소와 관계를 맺으며 집을 둘러싼 다양한 사회적 의미의 망 속에 놓인다. 또 집은 건축기술, 주택정책, 주택거래, 도시나 비도시적 공간성, 인구구성의 특성 등 수없이 많은 요인들과 상호작용한다. 궁극적으로 우리는 좋은 집, 안락한 집을 욕망하고 필요로 한다. 좋은 집에 대한 욕망과 필요는 평생 지속된다. 한국 사회에서 사람들은 더 크고 더 좋은 집으로 이동하려는 욕망을 충족하고, 동시에 '나의 집'이라는 과제를 풀기 위해 노력한다. 집이 개인에게 휴식과 보호, 비밀과 고독, 가정을 위한 시공간을 제공한다는 점에서 집을 소유하고 가꾸고자 하는 열망은 커질 수밖에 없다. 노동과 노출, 사회적 관계와 관리되는 소통과 행위의 시공간을 떠나 개인이 집에서 찾게 되는 심리적·신체적 여유와 휴식을 위한 사적 공간의 창조는 현대 인간에게 특히 중요한 문제이다. 사람들은 끊임없이 거주지를 옮기고 새로운 집을 찾아 헤매거나, 새로 짓거나 수리한다. 자신의 집을 가진다는 것은 단순히 물리적인 실체로서의 주택을 소유한다는 것을 의미하지 않는다. 자신의 집을 소유한다는 것은 그렇지 않은 사람들에 비해 훨씬 더 안정적이고 자기충족적인 삶을 살 수 있음을 의미하며, 더 나아가 어디에 어떤 주택을 소유하거나 거주하는지에 따라 각기 다른 사회문화적 의미들이 결합된다.

집은 인간에게 가장 기본적이고 핵심적인 인공물이다. 아주 오래전 인류의 조상들이 움막이나 토굴을 짓기 시작한 이래 지금까지 지구 위에 가장 넓게 펼쳐져 존재하는 것이 바로 집과 건축물일 것이다. 집을 특정한 장소와 지역에 짓고, 거래하며, 거주하는 과정에서 인간은 집을 특정한 형태로 짓거나 소유한다는 것의 사회적 의미를 폭넓게 공유한다. 집은 독특한 생활과 문화적 경험에 다리를 놓는다. 집이 위치하는 지역, 이웃, 주변시설 등의 관계 속에서 인간은 각기 다른 사회적 교류와 생활의 경험들을 하게 한다. 또 집은 시대적이고 사회적인 변화를 물질적으로 표현하는 가장 대표적인 데이터이다.

집의 사회문화사

서윤영이 쓴 『꿈의 집, 현실의 집: 희망주택·저렴주택 집에 대한 욕망의 사회사』(2014)를 보면 20세기에 한국에서 펼쳐진 집의 사회문화사를 간략하게 살펴볼 수 있다. 일본의 식민지 시절이었던 1922년 3월 도쿄에서 열린 제1차 세계대전 종전 평화기념박람회에서는 '문화주택'이 가장 큰 관심을 끌었는데, 부부와 어린 자녀로 구성된 4인 가족을 위한 20평 내외의 규모에 응접실과 서재, 거실과 침실을 갖춘 형태의 14채의 모델하우스가 '문화주택'이라는 이름으로 전시되었다(서윤영, 2014: 20~21). '문화'라는 단어 속에는 20세기의 근대화가 서구적 문명과 제도, 지식과 라이프스타일에 기초한 변환, 즉 '문화'로서 수용되어야 하는 전환이라는 의미가 포함되었을 것이고, 이러한 변환을 보여주거나 주도하는 가장 직접적이고 가시적인 증거 가운데 하나가 바로 새로운 형태의 집의 출현이다. 집은 문화로서 시대의 변화를 이끌어가야 하는 매개체의 하나로 자리 잡게 된 것이다. 근대식 주택은 산업화와 도시화 이후 사람들이 살아가야 할 거주공간의 새로운 모델을 제시했다.

일본에서 첫선을 보인 '문화주택'은 식민지 시대 경성에 이식되었다. 1929년 경복궁에서 열린 조선박람회를 통해 20~40평 규모의 문화주택 모델하우스가 선보였다. 현관, 응접실, 서재, 협실, 온돌방, 변소, 발코니 등으로 구성된(서윤영, 2014: 29~30) 문화주택이 사람들에게 집에 대한 새로운 모델과 욕망을 이끌어냈을 것이란 점은 확실하다. 근대식 주택들이 경성에 건축되기 시작했고, 일본인들이 많이 살았던 용산구 후암동 일대와 동대문구 신당동, 장충동 일대에 문화주택들이 대량으로 들어서게 되었다. 이후 조선 건축가들은 일본으로부터 이식된 문화주택 대신 '이상주택', '건강주택', '조선주택개량시안', '문화적인 주택 설계' 등의 이름으로 대중신문 매체를 통해 조선에 개량주택을 건설할 것을 본격적으로 제안하기에 이른다. 또 화신백화점과 동아백화점은 특별 경품으로 문화주택을 내걸기도 했고, 신문과 잡지에서는 문화주택을 마련하기 위한 자금 유통 방법을 소개하기도 했다. 이후 1960년대를 거치면서 도시의 중간 계층이 이러한 신식 주택을 본격적으로 소유하기 시작했다. 수유리와 상도동, 흑석동 등 도심 외곽지역은 신흥 주거단지로 개발되었다. 도시뿐 아니라 시골에서도 새마을운동과 함께 주택개량사업이 진행되면서 '새마을주택'이 보급되었다. 소위 양옥주택이라고 불렸던 신식 주택, 그리고 아파트의 건설과 빌라나 맨션을 포함한 다세대 주택, 2000년대의 고층 주상복합 아파트, 2010년대의 타운하우스와 고급 전원주택단지에 이르기까지(서윤영, 2014: 31~37) 한국 사회는 '집'을 향한 다채로운 여정을 펼쳐야 했다.

그런데 다채로운 집의 여정 속에서 한국 사회와 한국인들이 직면한 가장 큰 문제 가운데 하나는 그들이 '집'을 둘러싼 전쟁을 벌이고 있다는 것이다. 평생 '집'을 한 채 가져보기 위해 모든 자산을 투자해야 하는 사람이 대다수이고, 이들이 집을 갖기 위한 과정 자체가 매우 처절하다. 대다수의 사람들은 수입의 대부분을 집을 소유하거나 임대하기 위해 투자해야 한다. 반면, 소수의 사람은 자신이 살 집 외에 거래를 통해 수익과 자산을 증식시키기 위해 여러 채의 집을 소유한다. 집을 많이 가진 사람은 더 많은 집을 가지기 위해, 집이 없는 사람은 집을 '한 채'라도 가지기 위해 치밀한 전략을 짜낸다. 누군가에게 집은 가족을 위한 소중한 보금자리인 반면, 누군가에는 투자나 투기의 가장 확실한 대상이다.

집의 근대화와 상업화는 인간과 집의 관계를 총체적으로 뒤

바꾸어 놓았다. 집은 휴식과 사생활, 놀이와 어울림, 이웃과 공동체를 위한 공간이 아닌 끊임없이 다음 집으로 넘어가기 위한 지략을 창조하는 공간이 되었다. 최민섭과 남영우 등은 『주거신분사회: 타워팰리스에서 공공임대주택까지』(2010)라는 책에서 다음과 같이 집의 가치 변화를 평가한다.

앞으로 우리 아이들에게도 돌아갈 고향이 있을까? 평생 몸을 의탁할 집이라는 개념이 남아 있을까? 임대주택도 더 좋은 주택으로 옮겨가기 위한 징검다리 정도로 여겨지고, 오래 거주하던 지역이 신도시, 재개발로 사라지고 있다. 더 좋은 가치를 창출할 수 있다면 집도 더 좋게 개량할 수 있고 개발할 수도 있다. 그러나 우리가 정말 바라는 집은 어떤 집일까? 내 삶의 이야기가 있고 가족이 기다리는 곳, 오후의 나른함 속에서 바라보던 화단의 꽃들, 창밖 처마 밑에 매달려 있던 고드름, 친구들과 뛰어놀던 마을 놀이터, 집이 선사한 행복은 그런 데서 우러나온 게 아닐까? 인간에게 집이란 삶이 담기는 공간, 몸으로 기억되는 공간이 아닐까? 하지만 지금 우리에게 집은 가족들이 함께 할 시간을 앗아가는 곳이 되어 버렸다. 집을 가지기 위해, 집을 통해 또 다른 부를 만들기 위해 인생을 허비해야 한다(최민섭·남영우 외, 2010: 231).

최민섭과 남영우 등은 한국 사회에서 집이 어떠한 가치 혹은 의미를 가져야 하는지를 성찰할 수 있게 해주는 소중한 생각을 던지고 있다. 인간은 집을 짓고 개조하며 꾸미는 거의 유일한 종에 속한다. 인간은 더 안락하고 좋은 집을 끊임없이 욕망한다. 그런데 집을 욕망할 때 우리는 단순한 물리적 거주 공간이나 투자처를 욕망하는 것이 아니라, 가족 혹은 이웃과의 내밀한 관계의 공동체를 욕망하는 것이다. 그래서 집이 없는 것은houseless 가정이 없는 것homeless과 같고, 더 좋은 집을 욕망하는 것은 안정과 휴식, 사생활과 내밀성, 보살핌과 나눔과 같은 자기충족적인 욕망에 기초한다. 그런데 우리는 지금 이러한 거주의 철학, 집의 문화를 찾기 힘들다. 고향, 대지, 자연, 가족, 이웃, 공동체, 친밀성의 거주문화가 집의 근대화와 상업화 과정에서 철저하게 파괴되고 해체된 것이다.

아파트를 욕망하기

2010년 통계청 자료에 의하면 한국의 전체 주택 중 약 60%가 아파트이고, 70%의 사람들이 향후 집을 사게 되면 아파트를 구입하고 싶다는 조사결과가 발표되었다. 전체 주택 가운데 아파트가 차지했던 비율은 1985년 13.5%, 1990년 22.7%, 1995년 37.5%, 2000년 47.7%에 도달한 후 2005년에 처음으로 과반을 넘어섰다. 이중에서 서울에 국한시켜 볼 경우, 1985년 26.1%, 2005년 54.2%로 급증한 후 현재 60%대에 이르렀다. 아파트 비율이 높은 지역들로는 광주광역시(70%), 부산광역시(65%), 대전광역시(64%), 대구광역시(60%)가 꼽힌다(전상인, 2007: 11~12). 아파트에 사는 것이 부나 지위의 상징이기도 하고, 상대적으로 우월한 안전지대에 살아갈 수 있으며, 훌륭한 재테크 수단이 된다는 점에서 아파트에 대한 욕망은 사그라들지 않고 있다.

이승만과 박정희 대통령 시절에 주거환경의 개선을 위해 아파트 건설을 확대하기 시작했지만, 초기에 사람들의 반응은 그리 호의적이지 않았다. 서민용 소형 평수 위주로 아파트가 공급되면서 '빈민굴'의 이미지가 강했던 측면도 있었고, 그 당시 국민소득에 비추어 봤을 때 아파트 생활에 대한 정서적 거부감도 있었다(전상인, 2007). 특히 현재 아파트 사회를 주도하고 있는 강남 지역도 1970년대 중반까지 주택건설이 부진했고 강남으로 주거지를 옮기는 사람들도 극히 적었다. 정부가 '특정지구 개발 촉진에 관한 임시조치법'을 제정해 강남의 개발을 이끌어갔지만 아파트 붐이 일어나지는 않았다(최민섭·남영우 외, 2010: 22).

이후 1970년대 후반부터 정부의 아파트 건설이 중산층 이상을 겨냥하기 시작하면서 아파트에 대한 인식도 달라졌다. 특히 아파트의 대단지화와 고급화가 진행되면서 중산층과 상류층에서 아파트에 대한 선호가 높아졌고(전상인, 2007: 15), '아파트 지구' 개념의 도입을 통해 반포동, 잠원동, 잠실동, 압구정동, 도곡동 일대에 민간 아파트 건설을 촉진(최민섭·남영우 외, 2010: 22)하거나 서울 곳곳에 대규모 아파트단지를 조성하면서 '아파트 사회'의 문이 열리게 된다. 아파트 투기나 부동산 투기와 같은 표현이 부상하고 사회적인 문제로 자리 잡기 시작한 것도 이 시기부터이다. 특히 1990년대에 저명인사, 기업인, 금융인, 법조인, 교수 등등 전문직 종사자나 주류 집단이 강남 지역의 중대형 아파트에 몰려들기 시작한 후 아파트는 한국 사회의 가장 뜨거운 욕망의 교차점에 놓이게 되었다.

〈표 5.1〉에서처럼, 아파트를 향한 거대한 행진이 본격적으로 시작되는 1980년대부터 자료 기준 해인 2011년까지 아파트 건설은 전체 주택유형 중에서 최소 50.5%에서 최대 89.6%에 이를 정도로 절대적인 비중을 차지했다. 중산층 이하의 가족이 주로 거주하는 다세대 주택이나 연립주택의 경우 1990년을 기점으로 1~2%대의 건설 비중을 차지할 정도로 낮아졌던 것에 비추어 보면 두 가지 경향을 읽을 수 있다. 하나는 1980년대 이후 개인의 소득 증가로 대부분이 아파트를 거주공간으로 선택함에 따라 아파트에 대한 수요가 폭발적으로 증가한 것이고, 다른 하나는 다양한 유형의 거주공간이 축소되거나 사라짐으로써 거주공간과 주거문화가 아파트로 수렴되는 것인데, 이를 통해 '아파트 사회'의 단면을 확인할 수 있다.

〈표 5.1〉 주택유형별 건설 실적(숫자는 호, 괄호 안 숫자는 %).

유형 연도	단독	다세대	연립	아파트	합계
1998	50861 (33.9)	—	12,283 (8.2)	86,693 (57.9)	149,837 (100.0)
1982	63498 (33.2)	—	33,073 (17.3)	94,849 (49.6)	191,420 (100.0)
1983	93548 (41.4)	—	30,933 (13.7)	101,509 (44.9)	225,990 (100.0)
1984	64583 (29.1)	—	38,597 (17.4)	118,867 (53.5)	222,047 (100.0)
1985	50210 (22.1)	—	45,038 (19.8)	132,114 (58.1)	227,362 (100.0)
1986	41300 (14.3)	—	94,905 (32.9)	152,047 (52.7)	288,252 (100.0)
1987	61377 (25.1)	—	35,176 (14.4)	147,748 (60.5)	244,301 (100.0)
1988	73005 (23.1)	—	65,069 (20.6)	178,496 (56.4)	316,570 (100.0)
1989	61883 (13.4)	68,634 (14.9)	21,265 (4.6)	310,377 (67.1)	462,159 (100.0)
1990	105445 (14.1)	125,583 (16.7)	18,314 (2.4)	501,036 (66.8)	750,378 (100.0)
1991	69189 (11.3)	101,622 (16.6)	18,190 (2.9)	424,082 (69.1)	613,083 (100.0)
1992	53276 (9.3)	43,417 (7.5)	9,248 (1.6)	469,551 (81.5)	575,492 (100.0)
1993	52004 (7.5)	80,431 (11.6)	22,878 (3.3)	540,006 (77.7)	695,319 (100.0)
1994	42380 (6.8)	42,548 (6.8)	16,604 (2.7)	521,322 (83.7)	622,854 (100.0)
1995	55710 (9.0)	48,862 (7.9)	17,212 (2.8)	497,273 (80.3)	619,057 (100.0)
1996	61263 (10.3)	50,111 (8.5)	18,210 (3.1)	462,548 (78.1)	592,132 (100.0)

1997	52948 (8.9)	39,319 (6.6)	19,219 (3.2)	484,949 (81.3)	596,435 (100.0)
1998	23773 (7.8)	9,139 (3.0)	7,418 (2.4)	265,701 (86.8)	306,031 (100.0)
1999	33772 (8.4)	17,958 (4.4)	7,640 (1.9)	345,345 (85.3)	404,715 (100.0)
2000	34777 (8.0)	56,890 (13.1)	10,242 (2.4)	331,579 (76.5)	433,488 (100.0)
2001	49454 (9.3)	204,407 (38.6)	8,592 (1.6)	267,401 (50.5)	529,854 (100.0)
2002	53323 (8.0)	220,563 (33.1)	7,963 (1.2)	384,692 (57.7)	666,541 (100.0)
2003	42173 (7.2)	68,181 (11.6)	6,265 (1.1)	468,763 (80.1)	584,382 (100.0)
2004	34237 (7.4)	20,988 (4.5)	3,697 (0.8)	404,878 (87.3)	463,800 (100.0)
2005	27799 (6.0)	15,718 (3.4)	4,613 (1.0)	415,511 (89.6)	463,641 (100.0)
2006	37711 (8.0)	14,223 (3.0)	4,678 (1.0)	412,891 (87.9)	469,503 (100.0)
2007	51450 (9.3)	23.184 (4.2)	4,696 (0.8)	476,462 (85.7)	555,792 (100.0)
2008	53667 (14.5)	50,421 (13.6)	4,044 (1.1)	263,153 (70.9)	371,285 (100.0)
2009	54665 (14.3)	24,513 (6.4)	5,426 (1.4)	297,183 (77.8)	381,787 (100.0)
2010	52173 (16.1)	41,424 (10.7)	5,956 (1.5)	276,989 (71.7)	386,542 (100.0)
2011	54798 (18.3)	70,948 (23.7)	8,517 (2.8)	164,989 (55.1)	299,252 (100.0)

자료: 국토해양통계누리. https://statmltm.go.kr. 단독주택에는 다가구가 포함되어 있으며 다가구 수는 동수 기준임.

2011년 경기개발연구원에서 발행한 연구보고서에 따르면, 한국은 1960년대 이후 급속하게 진행된 산업화와 도시화, 라이프스타일의 서구화 등으로 핵가족화가 확산되면서 단독주택보다 아파트 생활에 대한 선호도가 높아졌고, 아파트가 주거공간일 뿐 아니라 재산의 증식수단으로 높은 투자가치를 가짐으로써 수요가 더욱 늘어날 수밖에 없었다. 아파트는 도시재개발 사업을 하거나 신도시를 개발할 때 대규모 주택단지 조성 시 발생하는 시세차익을 얻을 수 있는 가장 확실한 투자대상이었고, 아파트의 급격한 가격상승으로 빠른 시간 안에 가장 많은 재산을 증식시킬 수 있는 수단이었던 것이다(강식·김성주, 2011: 3~4).

아파트는 생활하기에 여러 편리한 점도 있지만 결정적인 문제점을 안고 있다. 건물 관리, 쓰레기 처리, 어린이 보호, 범죄로부터의 보호 등 여러 가지 측면에서 다른 주거공간이나 형태에 비해 상대적으로 이점이 많지만 층간소음 분쟁, 획일화된 구조, 아파트 브랜드와 거주 지역 및 평형의 차이에 따른 서열화,[2] 이

---

2) 《프레시안》의 2012년 8월 8일 기사를 보면, 전학 온 학생에게 다른 학생들이 가장 많이 묻는 질문이 "너는 어느 아파트에 사느냐"였고, 아파트 이름을 대면 "그런 대로 괜찮게 사네"와 같은 대화가 오간다. 이뿐만이 아니다. 아파트는 부와 경제적 차이를 식별하고 위치 지으며 타인과 자신을 구별 짓는 가장 직접적인 잣대이다. 2015년 1월 20일 종합편성채널 JTBC 〈뉴스룸〉의 손석희 앵커는 다음과 같이 아파트 사회의 단면을 비판했다. "초고층 아파트는 부의 상징이자 최고의 조망을 자랑하는 도시생활의 이상향이 됐습니다. 안에서 모든 걸 다 해결하니, 나갈 필요도 다른 이와 섞

웃 간 단절과 무관심 같은 심각한 문제들을 낳고 있다. 서울시립대학교 박철수 교수는 아파트 중심의 주거문화와 아파트 사회에 대해 다음과 같은 진단을 내놓는다.

대한민국은 사적 오아시스를 만들고 있다. 아파트단지로 지구지정되고 개발되는 순간 모든 비용은 입주자 부담이다. (새로운 인프라를 갖춘 아파트가 건설되면) 그 동네의 다른 주거 공간과 인프라 격차가 엄청나게 커진다. 아파트 안에서는 중대형, 대단위 개발이 갖는 우위가 있다. …… 아파트는 모든 비용을 입주자가 부담해야 하니까 평형이 커질수록 현금 동원 능력이 높은 사람들만 몰리고, 비용 부담을 못하는 사람들은 주거비가 낮은 곳으로 내려간다. 공간적 극화가 생기는 것이다.

일 필요도 없는 그야말로 '철옹성'이 되어버린 것이지요. 며칠 전 안동의 한 초등학교 예비소집일에 소동이 벌어졌습니다. 편의상 살고 있는 아파트로 학생들을 분류했는데 '소득수준에 따라 줄 세우기 하지 말라'는 문제제기가 나온 겁니다. 유독 이곳이 문제시된 이유는 자그마한 지역에 얼마 전 값비싼 아파트가 들어섰기 때문이었습니다. 세상이 아파트 이름과 평수로 등급을 나누고 비싼 아파트와 임대 아파트가 마주하고 있는 경우엔 출입구마저 구별한다고 하지요. 아파트가 아파트를 차별하고 주민이 경비원을 차별하는 초고층의 현기증 나는 '성'을 쌓은 셈입니다."
또 《경향신문》 2010년 4월 12일 기사는 양천구 신월동의 단독주택에 사는 대학생이 "친구가 집까지 데려다 줄 때는 목동 아파트단지를 가리키며 여기가 우리 집이라고 둘러대곤 했다"라는 인터뷰 내용을 인용하며 아파트가 '현대판 호패'가 되었다고 지적한다.

공간적으로 나뉘면 상대방에 대해 질시하거나 우월감을 갖게 된다. 좋게 말하면 자기 발전의 동력이 되지만 나쁘게 보면 헛된 욕망을 불 지르는 구조이다(≪경향신문≫, 2010.5.17)

그러나 아파트의 불리한 조건에도 '아무리 열심히 일해 저축을 해도 아파트 보유자의 자본 이득을 따라갈 수 없는'(≪경향신문≫, 2010.4.12) 상황에서 사람들은 모두 아파트를 소유하고, 그 아파트에서 사는 것을 가장 강렬하게 욕망한다. 아파트를 통해 얻을 수 있는 것은 '돈'뿐만이 아니라 자부심, 뿌듯함, 자기과시, 안정감, (특정 지역과 계층에의) 소속감, 세련된 구조와 설비로부터 오는 미적 만족감 등이 모두 포함된다. 그래서 아파트에 대한 욕망은 물질적임과 동시에 상징적이고 미학적인 욕망[3]이다. 전

---

3) 전상인은 아파트에 거주하는 사람들에 대해 이렇게 말한다.

"아파트는 그 안에 사는 사람들을 자기 세계에 가두는 경향이 있다. 그처럼 갇힌 공간 안에서 사람들은 계급과 신분을 나름대로 표출하고 실천한다. 지위 과시의 무대는 현관 바깥이 아니라 안쪽이 될 수밖에 없다. 아파트 내부는 따라서 표현의 미, 겉모양의 미, 장식의 미로서 중산층 미학을 표출하는 경우가 많다. 우리나라의 경우, 1980년대 후반의 전형적인 중산층 거실은 양주병 찬장, 수족관, 빅토리아식 가구와 소파, 난 화분, 매듭장식, 골프대회 우승컵과 각종 기념패들로 가득 차 있곤 하는데, 그것이 과시용 취미에 불과하다는 사실은 이러한 물건들 사이에 아무런 공통성이 없다는 점에서 확인된다"(전상인, 2007: 24~25).

전상인의 생각처럼, 아파트에 대한 욕망은 이 같은 중산층의 문화적·미적 욕망을 포함한다. 물론 한 가지 더 생각해보아야 할 것은 문화적·미적 욕

상인의 주장처럼, 서구의 경험과 달리 계급과 직업을 초월해 형성된 보편적인 아파트 선호 현상은 경제적 이익의 관점에서만 파악할 수 없다. 사회적 지위의 소비, 새로운 사회적 신분의 획득, 문화적 근대성의 수용과 실현, 과시적 상징이자 '문화자본文化資本'으로서 도시 중산층 이상의 '구별짓기'의 성격이 매우 강하다. 한국에서는 고급 아파트단지일수록 신분과 지위를 과시하는 장소 내지는 실천 공간이 되었으며, 아파트의 '파출부'와 '가정부 아줌마'의 고용이나 경비의 실질적인 '하인화'[4](전상인, 2007: 15~17)에서 이 같은 새로운 계층과 신분질서가 아파트를 통해 어떻게 구조화되는지를 볼 수 있다.

특정 아파트단지는 주변 아파트 거주 주민들에게 온갖 핍박을 받거나 배제를 당한다. 예를 들어, 부유한 지역에 위치한 임대아파트단지에 사는 사람들은 다른 일반 단지에 거주하는 사람들로부터 배척을 당하고 아이들은 또래 집단의 놀림감이 된다.

망이 전상인의 생각과 달리 허위적이고 과시적인 것으로만 취급되어서는 안 된다는 점이다. 사람들이 아파트 내부의 미학적 실천을 통해 얻는 것은 사물들의 미적인 구성과 표현을 통해 개인 스스로가 얻게 되는 만족감이나 자기효능감과 관련되어 있는데, 이것들을 무조건 저평가해서는 안 된다.

[4] 2014년 입주민들의 폭언과 폭력, 인격모독을 견디지 못하고 자살을 한 경비원이나 경비원 처우개선 시위에 나선 아파트 경비원들의 실태는 경비의 하인화, 21세기 판 노비 계급으로서 경비원을 만들어내는 아파트의 새로운 신분질서를 발견하게 한다.

임대아파트는 가난을 증빙하는 서류가 되고 다른 일반 단지의 주민들은 임대아파트단지를 사라져야 할 대상으로 취급한다. 아파트는 지역, 사람, 집단, 계층을 나누고 특정한 지역, 사람과 집단, 계층을 혐오하고 적대하는 아파트 사회의 차별과 배제의 구조를 심화시킨다. 유럽에서 산업혁명 이후 급격하게 전개된 도시화의 과정에서 도시로 유입되는 대량의 노동자들에게 저렴한 주거지를 제공해야 하는 필요에 의해 건설되기 시작한 아파트의 역사적 뿌리와 달리 한국에서 아파트는 가장 확실하게 배제와 차별을 둘러싼 계층 전쟁을 벌어야 하는 공간이 되었다.

더 나아가 '아파트 사회'는 아파트를 소유하려는 사람과 더 비싼 아파트를 임대하려는 대부분의 사람들을 끝없는 빚의 순환구조 속으로 밀어 넣는다. 김재영은 『하우스푸어: 비싼 집에 사는 가난한 사람들』(2010)이라는 책을 통해 아파트 경제학의 이면을 여실히 드러낸다. 한국 사회에서 집을 소유하는 것이 중산층으로의 진입을 의미하고, 그렇지 못하면 중하층 이하의 경제적 위치를 맴돌고 만다는 사회적 사실이 '내 집 장만'을 향한 거대한 분투를 만들어냈다. 그리고 아파트는 '내 집'이라고 말할 때 바로 그 '집'의 표상이다. 아파트 혹은 내 집을 사기 위해 집을 매매하는 사람의 70% 이상이 은행으로부터 대출을 받는다. 이중 대부분은 또한 '무리한' 대출이었다. 무리하게 대출을 받아 집을 구입해 소유하고 있지만 빚에 짓눌려 피폐한 삶을 사는 사람들이 바로 '하우스푸어'이다. 재건축 아파트를 담보로 5억 정도를 대출받은 사람이 자살을 하는가 하면, 3억~4억 이상의 돈을 대출받아 아파트를 구입해 매월 200만 원 이상의 이자를 갚기 위해 정상적인 가계 운영을 포기해야 하는 사람들이 참으로 많다. 운이 좋으면 그런 대로 버티지만 아파트 값이 하락할 경우 파산에 이르는 경우가 허다하다. 우리는 이렇게 아파트를 갖기 위해 '은행의 월세 세입자이자 집의 노예'(김재영, 2010: 22~27)로 살아가야 한다. 1990년대부터 2010년 정도까지 약 20년 동안 한국 사회를 대표하는 가장 큰 욕망은 '아파트 갖기'였다고 해도 과언이 아니다. 이 시기에 쏟아진 아파트 신규 물량, 계속되는 신도시 건설, 재개발과 재건축은 지난 20년 동안 한국을 움직인 실질적인 경제의 축이었다. 김재영의 분석처럼 1997년 외환위기 이후 주식시장은 극히 불안정한 상태였던 반면, 아파트 가격만큼은 큰 기복 없이 꾸준히 증가했다.

그런데 절대 무너질 것 같지 않았던 아파트 가격이 무너져 내리는 징후가 역력하다. 은행 대출로 아파트를 소유하게 된 대다수 사람은 매일 아파트 시장의 추이에 온 신경을 기울인다. 매일 불안한 마음으로 은행 금리 정책을 살피고 조금이라도 이자가 적은 대출로 갈아타기 위해 관련 정보를 주시한다. 정부는 주택시장 규제 완화 정책을 통해 아파트 가격을 끌어올리기 위해 노력한다. 아파트 가격이 오르고 아파트 시장이 활성화되어야 아파트 경제학이 작동하고 사회적인 혼란을 줄일 수 있기 때문이다. 아파트 시장이 무너지는 것은 중산층의 몰락이고, 아파트를 통해 중산층 가정의 행복을 창조할 수 있다는 한국 사회의 현대적 신화가 사라지는 것을 의미한다. 또 복지국가의 토대가 약한 상황에서 아파트를 팔아 노후를 대비해야 하는 사람들에게 미래에 대한 불안감과 공포심을 가지게 한다. 그러니 아파트 경제체제가 무너져서는 안 되지만 많은 사람이 이 미래에 대해 그리 긍정적인 전망들을 내놓지 못한다.

박해천은 2014년 '아파트게임과 중산층의 삶'이라는 제목의 강연에서 한국 사회를 움직여온 아파트 경제체제를 다음과 같이 문학적인 표현으로 정리한다.

또다시 시간을 흘렀고 이른바 386세대의 차례가 왔다. 그들이 30대 중후반을 지나칠 무렵 '보통 사람들'[5]의 소득 1만 불 시대라는 신천지에 당도했다. 바야흐로 수도권 신도시와 대형 할인매장과 백화점 버스의 시대. 본격적인 소비사회가 눈앞에 펼쳐졌다. 이들은 아파트를 받았다. 이 과정에서 부작용이 없었던 것은 아니다. 이를테면 90년대 중반 이후 등장한 여성작가들의 소설을 보자. …… 겉으로는 멀쩡해 보이는 행복한 가

---

5) 노태우 전 대통령은 1987년 자신의 집권과 함께 '보통 사람들'의 시대를 열 것이라고 말했다.

정의 모습이 전시되지만, 안으로는 곪아 있다. 남편은 수컷의
논리를 내면화하면서 가부장으로 변모하고, 아내는 자신이 어
머니의 운명을 반복할지도 모른다는 불안감에 시달리다가 결
국 자가용을 몰고 아파트단지를 빠져나온다. 그리고 신도시
주변 도로변에 늘어선 카페와 모텔들을 무대 삼아 다른 생을
꿈꾸며 불륜의 쾌락에 빠져든다. 대다수의 주부들은 스스로
아파트가 되기로 작정한 듯, 인근의 까르푸에서 물품을 조달받
으면서, 한국의 표준이라 봐도 무방한 34평의 아파트를 견고
한 요새로 꾸미느라 여념이 없다(박해천, 2014).

박해천은 386세대[6]가 '아파트게임'의 본무대를 장식해왔던
1990년대의 상황을 매우 문학적인 필체로 서술한다. 386세대는
'가족 로망스의 무대를 광장에서 아파트로 옮기면서 중산층의
아버지로 변모'한 세대이다. 이들은 근로소득을 능가하는 자산
소득의 중요성을 가장 잘 깨달았고, 아파트게임이 자산 증식을
위한 마지막 기회라고 여겼다. 이들은 "하늘 위에 고요하게 떠
있는 지상 32층 혹은 47층 정도의 높이에서라면 땀 냄새 풍기는

6) 생물학적으로는 1960년대에 태어나 1980년대에 대학을 다니고 1990년대
에 30대를 보냈던 사람들을 말하며, 사회적으로는 1980년대 학생운동에
헌신하고 진보세력의 확장에 기여했던 집단을 말한다. 이들은 1990년대
이후 30대와 40대를 보내며 한국 사회의 아파트 경제체제나 아파트게임
의 중심에 서게 된다.

지상의 누추한 삶으로부터 격리된 느낌을 만끽할 수 있고, 사방이 통유리창의 보호막으로 둘러싸인 50평형 이상의 평면 위에서라면 서구 상류층의 라이프스타일을 코스프레할 수도 있을 것"(박해천, 2014)이다.

하지만 2010년을 넘어선 지금 우리는 또 다른 세대의 고통에 직면해 있다. '88만원 세대'라고 불리는, 중산층은 고사하고 하루하루 생존을 걱정해야 하는 총체적으로 불안한 세대가 바로 이들이다. 88만원 세대에게 아파트게임은 배부른 게임이다. 이들은 가족 로망스를 펼쳐나갈 집이 아닌 자기 한 몸 누일 '방'이 더 절실한 세대이기도 하다. 우리는 지금 아파트 경제체제의 후퇴 속에 '방'의 경제체제로 들어서는 것 같다. 그럼에도 한편에서는 또 다른 '집'의 열풍이 불고 있다. 탈아파트의 시대 혹은 후기 아파트의 시대에 확산되고 있는 이 바람은 '전원주택'의 바람이다.

또 하나의 바람: 전원주택

2010년대 들어 부쩍 눈에 띄는 언론 기사나 텔레비전 프로그램 중의 하나는 '전원주택'이나 '전원생활'에 관련된 것이다. 신문이나 잡지를 중심으로 관련 기사나 사진이 증가하기 시작했고, 인터넷에서의 여러 사이트나 카페, 블로그 등이 전원주택과 관련된 콘텐츠를 제공하고 있다. 지금도 여전하지만 1980년대 이후 한국 사회에서 아파트를 소유하고 아파트에서 살기를 꿈꿔왔던 사람들이 또 다른 주거의 형태에 관심을 돌리기 시작한 것이다. 전원주택은 보통 서울과 같은 대도시의 생활을 벗어나 도농 복합지역이나 시골 지역에서 거주하기 위해 짓는 단독주택을 말한다.

전원주택이 관심을 끌기 시작한 시기는 1980년대까지 거슬러 올라간다. 1980년대 이후 수도권 지역 주택 공급 정책에서 전원주택이 최대 관심사가 된 것이다. 이 시기에 전원주택의 주된 수요자는 소득수준은 높으면서 도시 공간을 벗어나고자 하는 욕구를 가진 사람들이었다. 그래서 전원주택은 말 그대로 덜 도시적이고 자연친화적인 가치를 중시하는 도시인들이 사는 집을 의미한다. 즉, 전원주택은 법률적이거나 학술적인 용어가 아니지만 도시 생활양식을 영위하거나 영위했던 사람이 도시를 벗어난 교외 및 농촌 지역에 순수 주거용으로 상시 거주하기 위해 지은 단독주택을 지칭한다(구동회, 1999: 194). 즉, 농경지나 녹지가 있어 시골의 정취를 느낄 수 있게 교외에 지은 주택이거나, 대도시 근교에서 자연과 접하면서 전원생활을 맛볼 수 있도록 지은 단독주택으로 전원생활을 위한 수단이 된다. 전원주택이라는 용어는 1980년대 초 일부 부유층이 소유한 사치스러운 별장이나 콘도의 개념에서부터 시작된 후 주말주택과 농가주택의 의미를 포함해 사용되다가 1990년대 들어 주거의 '질'에 대한 요구와 환경에 대한 관심, 소득증가, 교통 및 통신 등의 발달로 도시 근교에 상시 거주할 수 있는 주거라는 개념으로 통용되기 시작했다(김유나·최정민, 2013: 279). 따라서 전원주택은 별장이나 주말주택, 농가주택과 달리 주거와 생활을 위한 상대적으로 고급스러운 교외의 단독주택을 지칭한다고 보면 된다.

구동회는 전원주택이라는 탈도시적 주거양식이 '도시의 편리함'과 '시골의 아름다움과 건강함'을 동시에 향유할 수 있는 주거양식이며, 대도시 중산층이 주요 소비층이라고 말한다. 또 전원주택의 소비 증가에 영향을 미친 사회경제적 배경으로 다음의 네 가지를 꼽는다. 첫째, 도시 내 미개발 택지가 거의 고갈되고 아파트나 공동주택의 가격과 전세가가 높아지면서 30~50대에 걸쳐 단독주책이나 교외 지역의 전원주택에 대한 관심이 높아졌다. 둘째, 준농림 지역을 개발 용도로 이용할 수 있도록 법제를 완화하면서 농지 및 임야의 택지 조성이 가능해졌다. 셋째, 수도권 지역을 중심으로 기존의 개발 제한 지역이나 미개발 지역의 개발이 본격화되면서 건설자본이 주택 상품을 다양화했다. 넷째, 중산층 이상 계층의 소득수준이 향상되면서 악화된 도시 환경을 벗어나 탈도시적인 소비양식을 추구하기 시작했다(구동회, 1999: 195~199). 이 외에도 수도권 지역의 도로망 확충과 전철이나 지하철 노선의 증가, 교통·통신의 발달, 가구당 자동차 보유 수의 증가에 따른 기동성 향상, 문화·예술·체육 관련 인프라의 확대, 식료품이나 의류 소비에서 주택 소비로의 관심의 이동 등 여러 요인이 탈도시적 전원주택의 유행에 영향을 미쳤다.

과거에 전원주택에 대한 선호나 수요는 주로 중산층 이상의 경제적 여유를 가진 중장년층에서 형성되었다. 교통의 발달이나 투자가치로서의 전원주택, 전원주택 건설을 뒷받침하는 정책적 지원 등 여러 요인이 전원주택 인기에 한몫을 했겠지만 중장년층이라는 세대적 특성도 강하게 작용했을 것이다. 1980년대와 1990년대의 중장년층은 1960년대와 1970년대의 산업화와 도시화의 흐름 속에서 고향을 떠나 도시로 이주한 사람들이 많아, 그들이 다시 전원생활로 복귀하고자 하는 욕구가 컸을 것이란 점에서 세대적 특성을 무시할 수 없다. 하지만 현재 전원주택 바람은 경제적인 계층에서도 다양성을 보이고 있고, 30~40대의 상대적으로 젊은 세대가 소비층을 구성하고 있다는 점이 과거와 다르다. 경제 계층과 연령대를 가리지 않고 귀농과 귀촌을 희망하는 사람들이 증가하면서 경기도나 인천의 도농 복합지역이나 농촌 지역, 충청도와 강원도, 전라도와 제주도에 이르기까지 전원생활을 찾아 떠나는 인구가 늘고 있다. 그럼에도 전원주택은 아직 어느 정도의 경제적·시간적 여유를 누릴 수 있는 직업을 가지거나 은퇴한 사람이 아니면 자신이 원하는 대로 쉽게 접근할 수 있는 대상은 아니다.

또 이들이 전원주택을 욕망하는 이유나 목적은 모두 다르다.

새롭게 주목받는 주거 형태인 전원주택.

대도시의 아파트 전세나 월세 부담을 줄이기 위해 중·저가형 전원주택을 건축하거나(2억~3억 원 내) 임대를 하는 경우도 많고, 노후를 보내려는 은퇴자나 자연환경이나 개인적인 라이프스타일을 추구하는 경제적인 부유층[7]도 많다. 또 개인 스튜디오나 작업실이 필요한 예술가들도 전원주택의 주된 소비층에 포함된다. 이들이 전원주택과 전원생활을 바라보는 관점이나 선택의 동기는 상당히 다르다. 그만큼 전원주택의 확산이 만들어내는 대지의 풍경은 다채롭고, 때로는 매우 상충된다.

---

7) 부동산 사이트를 비교해보면, 부유층이나 은퇴자들은 300~500평 정도의 대지에 6억~15억 원대에 이르는 전원주택을 주로 거래한다. 물론 15억 원 이상의 전원주택 또한 많다.

깨끗한 공기와 마당, 주변의 산과 강, 들판, 대도시와 다른 생활의 리듬은 다소의 불편함이 따르는 전원주택을 욕망하게 만든다. 주택에 관심이 있는 사람의 60% 정도가 살기에 가장 편한 주거지를 아파트라고 대답하지만, 70%에 가까운 사람이 가장 살고 싶은 주거지는 전원주택이라고 응답한다. 이중에서 수도권 내 전원주택에 거주하고 싶다는 의견이 78%가량 되며, 수도권으로부터 3시간 이상의 거리에 위치한 전원주택에서 거주하기를 희망하는 사람은 매우 적다.8) 즉, 전원주택을 희망하더라도 수도권을 크게 벗어나고 싶어 하지 않는다는 것이다. 전원주택을 찾는 계층과 연령대가 점차 다양해지고 있는 경향을 보이지만, 직장생활과 경제활동이 주로 수도권 내부에서 이루어지다 보니 수도권 중심의 전원생활 공간이 형성되는 것이다.

수도권 중심의 전원주택의 확산은 전원주택에 대한 정보의 형성이 수도권 지역을 중심으로 이루어지는 것과 밀접한 관계를 맺고 있다. 전원생활이나 전원주택에 대한 정보를 모으고 제공하는 전문 웹사이트나 부동산 웹사이트, 신문과 잡지, 인터넷 카페와 블로그 등은 수도권 지역의 전원생활과 전원주택을 다루는 경우가 대부분이다. 그 가운데에서도 용인, 양평, 가평, 남양주, 성남, 고양 등이 대표적인 지역이다.

---

8) 「2013 전원주택에 대한 인식 조사」, ≪Trend Monitor≫, 2013.3.15.

서울 근교에 위치한 양평의 경우, 2014년 한 해 동안 신축된 전원주택이 1000가구에 달했다. 양평 지역의 부동산 사이트를 둘러보면 전원주택 거래에 관한 정보가 가장 많고, 하루 방문자가 수백 명을 상회하기도 한다. 또 부동산 사이트들은 주택 거래에 관한 정보뿐만 아니라 전원주택 건축 정보, 좋은 대지를 구별하는 방법, 인허가 등과 관련된 법률 정보, 전원주택 유형별 사례 등 다양한 정보를 제공하는 관문의 역할을 한다.

귀농·귀촌, 전원생활과 전원주택의 희망자가 늘어나면서 수도권 지역의 지자체에서는 이들을 자기 지역으로 유입시키기 위한 정책이나 혜택을 경쟁적으로 내놓는다. 농어촌공사나 지자체가 주축이 된 전원마을 조성사업이나 전원주택 개발을 위한 과거의 부동산 규제 완화 조치들이 대표적인 사례에 해당한다. 전원마을을 조성할 경우 해당 마을에 10억~30억 원 규모의 정부보조금을 지원하거나, 논과 밭으로 사용되는 땅에 집을 지을 수 있는 대지로 지목을 변경할 때 들어가는 비용인 '농지전용부담금'이나 취득세를 면제해서 전원주택 건축 시 발생하는 원가를 절감하도록 지원하는 것도 대표적인 방법이다. 또 전원주택단지를 위한 상하수도와 도로를 건설하고, 전기 공사, 태양열이나 지열 등의 에너지 시설, 보일러 시공이나 편의점과 같은 시설들을 지원한다. 여기에 건축업체나 건설사들이 또 다른 건설 붐을 일으키기 위해 수도권 지역의 전원주택단지 개발이나 고급 전원주택의 건설에 앞장서고 있다. 이렇게 전원주택과 전원생활의 바람은 정부나 지자체의 토지 개발과 건설업체들의 탈아파트, 탈도시 건설 전략의 바람과 함께 사방에서 불어닥칠 준비를 하고 있다.

전원주택이 만들어내는 불안한 풍경

2010년대의 한국 사회를 읽는 흐름 가운데 하나는 분명 대도시와 아파트를 벗어나고자 하는 욕망의 확대이다. 여러 조사는 가면 갈수록 많은 사람들이 단독주택이나 전원주택과 같은 주거 형태를 희망한다는 결과를 공통적으로 내놓고 있다. 특히 대도시 주변 교외의 전원주택에 대한 수요의 증가는 도시의 폐해와 이로부터 축적되는 불만족에 따른 비도시적 생활의 추구, 철도나 전철의 확대, 광역 교통망이나 지역 간선망 구축을 통한 접근성 향상, 자동차 보급 확산, 주 5일 근무제, 지역 분산과 균형 개발 정책에 따른 기대효과, 자연친화적 생활에 대한 욕구와 경제적 여유 등이 복합적으로 작동하며 전원 지역으로의 이동 현상을 지속시키고 있다. 2012년 기준으로 서울에서 경기도로 이주한 인구가 약 36만 명에 달하는 것도 이러한 대도시로부터의 탈출 현상과 맞닿아 있다.

이에 따라 주택정책 또한 아파트나 공동주택 위주에서 도심형 단독주택이나 교외 지역의 전원주택 등 한층 다각화된 형태로 전환해야 한다는 주장이 커지고 있다. 실제로 아파트 공급 비중은 점차 감소하는 반면, 단독주택은 지속적인 증가세를 보이고 있다. 45세 이상의 중장년층에서 전원생활을 희망하는 비율이 증가하고 있고, 주택에 대한 관심이 투자가치가 아닌 가족의 생활이나 휴식, 친자연적 공간과 같은 측면들로 이동하고 있다. 이에 따라 도시에 거주하는 고소득층을 중심으로 도시형 전원주택의 수요가 증가하고 도시 근교의 전원주택의 소비가 유행세를 만들어내고 있다.9)

그러나 전원생활과 전원주택의 바람이 모두 미풍美風은 아니다. 전원주택의 바람은 우리 사회의 또 다른 불안한 풍경을 만들어내는 데 일조한다. 전원주택의 바람과 함께 대두되는 가장 큰 문제는 부동산과 주택 가격이 상승하면서 아파트 투기 열풍과 같은 현상이 수도권 주변과 시골 지역에 확산되는 것이다. 땅을 소유하고 있던 원주민들은 부동산 가격의 상승을 반기고, 주택개발업자은 시세차익을 노려 땅을 대량 매입해 높은 가격에 되팔거나 전원주택을 지은 후 고가에 내놓는다. 부동산업체는 이러한 전원주택 부동산 경기가 쇠락하지 않도록 끊임없이 새로운 땅을 발굴하고 오래된 농가주택이나 폐가를 사들여 주택개발업자들에게 웃돈을 받고 판매한다. 그러다 보니 중·저가형 전원주

---

9) "2014 전원주택 트렌드 읽기", ≪Country Home News≫, 2014.1.27.

택은 거의 찾아보기 힘들고 오래된 농가주택을 전원주택이라는 이름으로 높은 가격에 내놓는 경우가 많다. 또 지가와 주택 거래가가 상승하면서 해당 지역의 전세와 월세가 함께 상승해 집을 소유하지 못한 사람의 경제적인 부담을 가중시킨다.

부동산 투기와 함께 도농 경계지역이나 농어산촌 지역에서의 난개발이라는 문제가 부상한다. 택지 개발을 위해 넓은 범위에 걸쳐 산이 훼손되고 강 주변이나 보전 지역이 파헤쳐진다. 기존에 형성된 마을이나 다른 주택지와 전혀 어울리지 않거나 이질적인 전원주택단지들이 무차별적으로 들어선다. 일례로 교외 전원주택 지역으로 선호되고 있는 경기도 성남시와 광주시의 경계에 있는 영장산이 택지 개발을 위해 산의 한 면 전체가 잘려나가는 일이 발생하기도 했다(MBC, 2014.12.7). 또 경기도 광주에서는 두 개의 주택단지 개발업체가 도로 및 단독주택으로 사용하는 내용으로 산지전용 허가를 받은 후 허가받은 부지 외 임야 6만여 제곱미터를 불법으로 훼손한 사건이 일어나기도 했다. 물론 불법 훼손의 과정에서 이 산에 서식하고 있던 나무들이 대량으로 채벌된 것은 두말할 필요조차 없다. 이렇게 산 중턱이나 정상에 가까울수록 더 고가의 전원주택이 들어서고 각각의 전원주택은 주변 자연과의 조화를 이루거나 다른 주택과 어울리기보다 자신의 위용을 자랑하는 듯한 태도로 훼손된 산과 강 주변을 차지하고 있다.

홀로 선 전원주택.

　전원주택의 개발자들은 수많은 매체와 홍보물을 통해 전원주택에서의 삶을 자연, 생태, 힐링, 가족, 여유, 공동체, 마을과 같은 단어로 포장한다. 대도시에서 향유하지 못했던 요소를 부각시키는 홍보 문구를 통해 전원생활에 대한 욕구를 극대화시키는 홍보 전략이다. 여기에 과장광고도 흘러넘친다. 전원주택 분양광고에 담긴 이미지와 문구는 최고의 위치와 조건을 내세우고 향후 발전계획 등을 담아 소비자를 유혹한다. 이 과정에서 생태나 힐링, 여유나 공동체와 같은 세련되고 미래지향적 가치는 철저하게 상품화된 가치로 전환된다. 실제 전원주택들은 자연을 훼손하고 생태적 조화와는 거리가 멀며 마을이나 공동체와의 연결성을 차단하는 형태로 건축되고 있음에도, 전원주택 광고들은 정반대의 환상을 심어준다. 더 고가로 거래될 수 있는 전원주택을 위한 광고, 이 광고에 포함되는 자연, 힐링, 가족, 여유, 마을, 공동체와 같은 가치는 가장 철저하게 상품화된 기표의 연쇄를 이룬다.

이렇게 들어선 전원주택(단지)은 아파트 사회에서 심화된 계층적 식별과 배타적 '구별짓기'의 무대가 된다. 수백, 수천 평에 달하는 대지에 엄청난 규모로 지어지고, 화려한 외관과 인테리어를 내세우는 전원주택은 주변의 마을이나 주택들에서 멀리 떨어져 마치 성城과 같은 분위기를 연출한다. 이들은 스스로 고립을 선택한다. 또 10억 원대 이상의 전원주택단지, 5억 원대 이상의 전원주택단지, 3억 원대 이상의 전원주택단지 등 가격에 따라 등급별 단지 조성이 이루어진다. 이들 또한 주변의 주택과 명확한 경계선을 확보하며 자신들만 출입할 수 있는 차단 장치를 마을 곳곳에 설치한다. 이들은 집단화된 자기고립을 선택한다. 이에 따라 기존의 마을 가운데 새로운 전원주택이 건축되는 경우보다 마을의 외곽이나 마을의 중심에서 멀리 떨어진 산과 강주변을 중심으로 전원주택이 들어서는 것을 빈번하게 관찰할 수 있다. 전원주택은 성북동의 고급주택, 강남의 최고가 아파트나 타워팰리스와 같이 거주자의 계층과 사회적 신분을 표상해주고 구별짓기의 지역화를 심화시키는 매개체이다. 더 나아가 이러한 고가 전원주택의 거주자들은 마을에서도 자신들의 높은 신분을 과시하는 행동을 광범위하게 행한다. 이들이 가는 곳은 마을회관, 노인회관, 면사무소, 마을에 위치한 학교, 동네 목욕탕이 아닌 강변이나 산자락을 따라 위치한 고급 갤러리나 카페, 레스토랑이다. 그들은 끊임없이 타인과의 경계를 만들어내며 그 경계 안에서 자신의 신분을 더욱 견고하게 다진다.

이렇듯 전원주택의 바람은 우리에게 또 다른 불안한 풍경을 만들어내고 있다. 대부분의 전원주택 거주자들은 서울과 같은 대도시를 완전히 벗어나 살지 못한다. 그들이 집을 짓거나 전세살이를 하는 곳은 대도시 근교이며, 출퇴근이 각각 1시간 30분 이내에서 가능한 곳이다. 그래서 전원생활은 매우 제한적이며 부분적일 수밖에 없으며, 전원주택 지역은 또 다른 베드타운이 될 가능성이 크다. 은퇴했거나 완전히 이주한 사람의 경우를 제외하고 대다수는 전원생활의 분위기를 잠시 느낄 정도로만 지역과 관계를 맺는다. 또 대도시의 전세살이나 월세살이에 부담을 느끼고 대도시의 외곽으로 밀려나는 사람들에게 전원주택은 꿈같은 이야기다. 대도시 근교 전원주택의 전세나 월세 또한 지불하기에 쉽지 않은 수준을 이미 넘어서고 있다. 대도시로부터 이전되는 주거 전쟁은 전원주택에서도 지속된다.

지난 2011년 세상을 떠난 건축가이자 집의 철학자인 정기용은 전원주택을 열망하는 사람들에게 "이 시대에 집이란 무엇이며 어떻게 지어야 할 것인가"라는 질문을 던졌다. 모두가 한번쯤

동경하고 살아보고 싶은 전원주택이 대도시 주변에 상품으로 대체되어 쏟아지는 상황에서 던진 질문이다. 그는 전원주택을 분명 상품이라고 말했다. 그의 말을 들어보자.

준농림지를 형질 변경해 적당히 서구적인 외관에 큰 창을 통해 자연 경관이 들어오기만 하면 그럴싸한 집이 되고, 진입로의 풍경과 편리한 정도에 따라 값을 정하면 '전원주택'이란 전형적인 부가가치가 보장된다. …… 그렇다면 우리는 이런 집을 모두 완전한 전원주택이라 할 수 있는가? 전원주택 이전에 주택에 대해서 생각해보아야 할 근원적인 부분이 있다. 지금 이 나라의 주택문화에서 결핍된 것은 소위 이 땅의 환경과 조화를 이루며 이 시대의 삶을 진정으로 담지해 낼 좋은 건축에 대한 체험이다. 무엇이 참으로 우리가 추구해야 되는 가치이며, 무엇은 옛 건축에서 배우며 지속시킬 것이고, 무엇은 이 시대의 삶에 맞도록 차이를 만들어나갈 것인지, 우리는 이런 근원적인 질문이 결여된 상황에서 좋은 건축을 판단할 능력을 상실하고 있는 듯하다. …… 어느 누구의 집도 그의 집 하나로만 존재할 수 없다. 모든 대지는 그 옆의 땅과 붙어 있으며 바로 나의 집, 나의 땅이 중요한 것은 이웃하는 산과 계곡과 멀리 보이는 구름과 필연적인 관계를 맺고 있기 때문이다. 그래서 주택은 근본적 존재 이유를 생각하면 공공적인 것이다(정기용, 2000).[10]

정기용의 눈으로 지금의 전원주택 바람을 본다면 철저하게 상품화된 형식으로 전원주택을 대량생산하고 있는 불온한 구조와 이 속에서 또 다른 부동산 경제를 찾아 연합하는 사람들을 무시할 수 없다. 마을 속에 스며들지 못하고 혼자 동떨어져 위세를 자랑하는 전원주택, 자연을 삭제하고 그 자리에 돌출하는 전원주택, 사고파는 순환의 경제 논리 속에서 쉽게 지어지고 거래되는 전원주택, 등급과 서열의 위계질서를 창출하는 전원주택, 배타적인 구별짓기의 매개체로서의 전원주택은 집을 둘러싼 물질문화의 어두운 이면을 들여다보게 만든다. 정기용은 산과 들과 물이 충만한 땅을 빌려 집을 짓는 이유를 집과 사람이 서로에게 남기는 흔적을 하나의 뿌리로서 공유하고자 하기 때문이라고 말했다. 아파트와 전원주택이 다른 것은 아파트가 시간이 흐르면 재개발할 물질이 되지만 자연 속의 주택은 시간이 흐르면서 삶을 되돌아보게 하는 정신으로 남기 때문이란다. 그래서 집이란 지속되는 시간의 덧없음을 강조하는 악마적인 것이 아니라 지속되는 시간을 어루만져주는 근원적인 것이다(정기용, 2000). 그래서 우리가 발견해야 하는 것은 시간을 어루만져주고 일깨워주며 미래의 삶을 성찰하게 하는 집의 철학, 마을과 공동체 그리고 자연의 모든 것들과 하나의 뿌리로서 관계를 맺을 수 있는 집으로

---

10) 필자의 판단에 따라 문장의 연결과 생략, 표현의 수정이 이루어졌음을 밝힌다.

의 여정이 아닐까.

더 나아가 전원주택은 해당 지역에서 다양한 갈등과 대립을 낳기도 하는데, 이는 또 다른 지역문제의 부상과 연결된다. 예를 들어 전원주택을 더 많이 짓기 위해 건설업자와 부동산업자는 해당 지역의 자연과 역사, 전통, 문화를 무시한다. 그들은 더 많은 전원주택을 지어 분양하거나 임대하는 것을 최고의 목적으로 삼고 국토부와 지자체를 향해 건설 규제를 해제할 것을 요구하거나 지속적인 로비를 벌인다. 또 쓰레기 처리나 상하수도 시설, 지하수 개발 등에서 치밀한 사전 계획을 하거나 지역 공동체와의 합의의 과정을 만들어내지 못한다. 이로 인해 전원주택의 건설 후 이와 관련된 문제로 주민들 간의 심각한 분쟁이 발생하고, 그들 간 관계가 악화되는 사례가 빈번하게 나타난다. 또 부동산 가격이 상승하면서 이에 편승해 원주민들이 부동산 거래에 몰입하고 부동산업체들이 온 지역을 차지하는 풍경을 만들어낸다. 이를 반대하고 마구잡이식 개발을 막으려는 주민과 그 반대편에 선 주민 간 대립의 골이 깊어진다. 지금 우리는 아파트를 둘러싼 게임의 끝자락에서 다시 전원주택을 둘러싼 게임을 시작하고 있다. 이렇게 또다시 집은 가족, 휴식, 이웃, 공동체, 내밀성이라는 가치와 관계를 맺지 못한 채 가장 전략적인 거래 상품으로 남는다.

다시 집의 철학, 집의 정치학으로

산업화 이후 가장 경악스러웠던 시골 풍경 가운데 하나는 이웃하는 것과 완전한 단절을 선보이며 들어선 고층 아파트였다. 논과 밭, 산과 들, 이웃하는 가옥들을 무시한 채 자신만이 홀로 솟아오르는 한두 동의 아파트단지 모습은 참으로 기괴해 보였다. 시골의 대지는 점점 아파트나 다가구 주택들로 채워지고 이로 인해 우스꽝스럽고 어색한 풍경들이 채워졌다. 시골 사람들은 아파트나 다가구 주택을 현대적이고 세련된 것으로 받아들이기 시작했으며, 구옥을 떠나 신식 주택으로 이사하는 것을 자랑스러워했다.

약 30~40여 년이 흐른 지금 시골이나 외변지역11)을 들썩이게 하는 전원주택이라는 또 다른 바람이 불고 있다. 이 바람은 잠시 불었다가 그칠 것 같지 않다. 전원주택 건축업계, 지역의 부동산 개발업자, 자치단체들의 인구 불리기 정책, 대도시의 주거비용의 압력을 벗어나야 할 한계 상황과 함께 탈(후기)아파트 시대에 또 다른 '집'에 대한 사람들의 욕망이 결합되어 있는 전원주택을

---

11) 톰 다니엘스(Tom Daniels)는 'fringe(변두리)'라는 용어를 사용하면서, 대도시 주변의 외곽 지역을 공간적으로는 중심 도시 바깥의 대도시권 변방이자 정치적으로는 주류 밖의 비주류라는 의미를 동시에 함축하고 있는 지역으로 지칭했다(Daniels, 1999).

둘러싼 물질문화의 바람은 쉽게 잦아들지 않을 것이다.

　그러나 아파트의 시대가 그러했듯이 전원주택의 시대 또한 우리가 살아가야 할 '집'에 대한 대안적 철학이나 가치관을 결여하고 있다. 우리는 '집'에 대해 곰곰이 생각해볼 기회를 거의 갖지 못했다. 동시에 집이 위치해 있는 마을과 공동체에 대해 더더욱 생각해본 적이 없다. '내 집'이 중요했고, '내 집'의 상품가치가 가장 큰 관심사였다. 동네가 어떤 문제에 직면하든 '내 집'에만 아무런 영향을 미치지 않으면 된다. '다른 집'이 어찌 되든 '내 집'의 가격만 상승하면 되고, '내 집'만 불가침 지대가 되면 좋다. '집'은 소유와 집착의 대상이 되었고, 생의 대부분의 기간을 '집'을 소유하거나 다른 집보다 더 비싸고 웅장한 집을 차지하기 위해 투여해야 한다. 물론 이 같은 집의 물질문화가 개인의 자연발생적인 의지와 욕망의 결과물인 것만은 아니다. 근대 이후 토지와 주택의 정치경제학[12])이 심화되고, 부동산 거래를 통해 얻는 수익이 노동으로부터 얻는 부에 비할 수 없을 만큼 큰 한국에서 '집'은 전략 자본이 될 수밖에 없었다. 여기에 집이 신분과 계급을 표상하고 과시하는 상징자본이자 집을 매개로 발생하는 다양한 구별짓기로부터 얻는 심리적 만족 자본이 된다는 점에서 한

---

12) 국가는 주택과 부동산 경제를 형성하고 변화시키는 제1의 주체이다. 국가는 토지와 주택 이용의 범위, 형태, 가격 등의 모든 것을 좌우한다. 이를 강조하는 차원에서 정치경제학이라는 용어를 사용한다.

국 사회에 축적된 집의 물질문화의 이면을 들여다볼 수 있다.

그렇다고 해서 현재 확산되고 있는 전원주택을 향한 욕망을 모두 부정적인 어휘로 평가할 필요는 없다. 전원주택에 거주하고픈 욕망과 바람의 생성 원인과 확산 방향을 모두 단일하거나 동형적인 것으로 보고 접근할 필요도 없다. 일례로, 충남 홍성군 홍동마을과 같은 곳에서는 거래 상품이자 구별짓기, 상징적·심리적 자본으로서의 전원주택의 바람을 찾기 힘들다. 면 단위의 이곳에서는 주민들 모두가 작은 공동체를 지향하며 마을을 꾸며간다. 연구소, 도서관, 농산물가공공장, 농장, 어린이집, 농업전문학교, 비누공장, 로컬푸드 매장, 마을주점, 책방, 출판사 등 마을기업과 협동조합이 즐비하다. 주민들은 협동의 가치를 내세우며 '자주적 협동경제'를 실험 중이다(≪ohmynews≫, 2013.11. 23). 홍동마을 관련 보도와 포털사이트의 이미지 자료들에서 보면, 그 마을의 모든 공간은 한두 사람의 신분과 계급을 과시하고 타인과 괴리된 채 자신의 성城을 쌓으며 상업적 투자와 거래를 목적으로 존재하지 않는다. 그러니 마을과 어울리지 못하고 홀로 위용을 자랑하는 전원주택을 발견하기 힘들다. 공간 속에서 자신과 타인의 삶이 만나고, '함께' 그리고 '모든 이'들이 공존하고 협력할 수 있는 방법을 찾고 있다는 점에서 지금 우리에게 불어닥치고 있는 자본으로서의 전원주택의 바람을 다시 한 번 생각하게 만든다.

홍성의 홍동마을의 경우는 서울이나 대전과 같은 대도시에서 거리가 먼 지역이라는 점에서 공존과 협력의 공동체를 꿈꾸기가 쉬울지 모른다. 실제로 대도시의 외변지역, 특히 대도시로의 출퇴근이 가능하고 부동산과 주택 투자의 가치가 있는 지역에서 생성되는 전원주택과 공간 상업화의 거센 물결은 심각한 지역 내, 지역 간 문제를 유발하고 있을 뿐 아니라 주민들 사이에서 끊임없는 갈등과 충돌을 낳고 있다. 수많은 외변지역들이 정부, 개발업자, 상업 세력에 의해 특성 없는 도시화의 길을 걷고 있다. 숲과 강이 줄어들고 그 자리에 호화로운 주택단지가 들어선다. 아스팔트 도로가 늘어나고 러브호텔과 레스토랑, 커피전문점, 갤러리, 고급 음식점 등 상업시설들이 폭발적으로 늘어난다. 외변지역의 마구잡이식 개발을 막기 위해 존재했던 규제들이 완화되거나 사라진 틈을 타 온갖 유형의 상업 세력이 외변지역의 공간을 점유한다. 이렇게 확장되는 상업 세력과 공간들은 그 지역의 전통과 역사, 원주민의 삶이나 대안적 공동체와 유리된 채 정치적 영향력을 키우고 있다. 외변지역의 정치와 문화 또는 새로운 상업 세력들이 주도하며, 자신들에게 유리한 정치적 환경을 구축한다. 이렇듯 대도시 근교의 외변지역을 중심으로 형성되고 있는 개발과 투자, 상업화와 이주의 물결이 탈아파트 시대의 전원주택 바람의 근원지라는 점에서 우리에게 집은 도대체 무엇인지에 대한 질문을 계속해서 던져야 하며, 그 대안을 찾는 사람들이 늘어나기를 기대한다. 또 집을 둘러싼 대안을 찾고 대안적 집살이를 중심으로 마을과 공동체를 만들어가는 과정은 그 어떤 정치보다 중요한 정치의 무대가 될 것이다.

참고문헌

강식·김성주. 2011. 「아파트 문화 계속될 것인가」. 경기개발연구원. ≪이슈 & 진단≫, 제17호.

구동회. 1999. 「전원주택의 출현과 입지적 특성」. ≪대한지리학회지≫, 제34권 제2호, 193~208쪽.

김유나·최정민. 2013. 「내용분석을 통한 전원생활 및 전원주택의 패러다임 변화에 관한 연구」. ≪한국지역개발학회지≫, 제25권 제1호, 275~296쪽.

김재영. 2010. 『하우스푸어: 비싼 집에 사는 가난한 사람들』. 고양: 더팩트.

다니엘스, 톰(Tom Daniels). 2006. 『도시와 농촌이 충돌할 때: 대도시권 외변지역의 성장관리』. 파주: 한울.

박인석·신만석 외. 1999. 「전원주택단지의 개발동향 및 개선 쟁점 도출 연구」, ≪대한건축학회지≫, 제15권 2호, 21~32쪽.

박해천. 2014. "아파트게임과 중산층의 삶". 두산인문극장 2014: 불신시대 강의록.

서윤영. 2014. 『꿈의 집, 현실의 집: 희망주택·저렴주택 집에 대한 욕망의 사회사』. 파주: 서해문집.

전상인. 2007. 「아파트 선호의 문화사회학」. ≪환경논총≫, 제45권, 11~32쪽.

정기용. 2000. 「전원주택, 자연과 공존하려면」. ≪월간 너울≫, vol.86.

최민섭·남영우 외. 2010. 『주거신분사회: 타워팰리스에서 공공임대주택까지』. 파주: 창비.

Daniels, T. 1999. *When City and Country Collide: managing growth in the metropolitan fringe*. Washington D.C.: Island Press.

Prown, J. D. 1982. "Mind in Matter: An Introduction to Material Culture Theory and Method". *Winterhur Porffolio*, vol.17, no.1, pp. 1~19.

Schlereth, T. J. 1983. "Material Culture Studies and Social History Research". *Journal of Social History*, vol. 16, no. 4, pp. 111~143.

Vannini, P(eds.). 2009. *Material Culture and Technology in Everyday Life*. New York: Peter Lang.

Zaborowski, H. 2005. "Towards a Phenomenology of Dwelling". *Communio* vol. 32, No. 3, pp. 492~516.

≪경향신문≫. 2010.4.12. "주거의 사회학(1부) 뿌리 없는 삶. ⑤ 주거와 계급사회".

____. 2010.5.17. "주거의 사회학(3부) 주거와 정치 사회. ⑤ 주거문화를 말한다".

≪매일경제≫. 2014.8.31. "전원주택 신축 붐 경기 양평 가보니 2억~3억 원 대 찾는 젊은 층 줄이어".

≪전원주택≫. 2011.10.21. "전원생활, 전원주택도 짝퉁 전성시대".

≪프레시안≫. 2012.8.8. "전학 학생 첫 마디, '어느 아파트 살아?…… 그런 대로 사네'".

Country Home News. 2014.1.27. "2014 전원주택 트렌드 읽기".

JTBC. 2015.1.20. "아파트 계층사회 '성(城)'……초고층의 현기증". ⟨뉴스룸⟩.

MBC. 2014.12.7. "같은 산을 사이에 둔 지자체: 너는 보호, 나는 난개발". ⟨MBC 뉴스⟩.

≪Ohmynews≫. 2013.11.23. "귀농 희망 1순위 마을……그곳에 '활력소'가 있다".

≪Trend Monitor≫. 2013.3.15. 「전원주택에 대한 인식조사」.

찾아보기

지은이

류웅재

한양대학교 미디어커뮤니케이션학과 교수(현)
한양대학교 인문과학대학 철학과 학사
조지아대학교(The University of Georgia, Athens, GA) 매스커뮤니케이션학 석사
조지아주립대학교(Georgia State University, Atlanta, GA) 커뮤니케이션학 박사
(미디어와 문화산업, 문화연구, 공공커뮤니케이션 전공)

경기개발연구원 연구위원, 호남대학교 교수, 조지아주립대학교 방문교수
한양대학교 ≪한대신문≫ 편집인 겸 주간(현)
한양대학교 한대방송국(HUBS) 주간(현)
한국방송학회 기획이사, 연구이사, 협력이사
한국언론학회 '언론과 사회' 분과 총무이사
한국방송학회 ≪한국방송학보≫ 편집위원
한국언론학회 ≪커뮤니케이션이론≫ 편집위원
한국여가문화학회 ≪여가학연구≫ 편집위원

주요 논문으로 「물질문화로서 아웃도어에 관한 연구」, 「대학의 연구문화 낯설게
하기, 그리고 성찰적 대안의 모색」, 「담론분석과 정치경제학의 조우가능성에 대
한 탐색적 연구」, 「절충적 세계화와 국가의 담론정치」, 「한국문화연구의 정치경
제학적 패러다임에 대한 모색」, 「Globalization, or the Logic of Cultural
Hybridization: The Case of the Korean Wave」, 「The Public Sphere and the
Rise of South Korean Civil Society」, 「The Political Economy of the Global
Mediascape: The Case of the South Korean Film Industry」 등이 있다. 저역서로
『소통하는 문화기획론』(공저, 한국학술정보, 2008), 『문화저널리즘』(공저, 다지

리, 2009), 『작은 문화콘텐츠 만들기』(공저, 한울, 2011), 『마르크스, TV를 켜다』(공역, 한울, 2013), 『Global Mediascape and the Cultural Hybridity』(scholar's press, 2014) 등이 있다.

최은경

한양대학교 평화연구소 연구교수(현)
성공회대학교 신문방송학과 학사
골드스미스런던대학(Goldsmiths University of London) 텔레비전 저널리즘 석사
러프버러대학교(Loughborough University) 커뮤니케이션학 박사(커뮤니케이션 정치경제, 방송 문화와 정책, 미디어 법제와 윤리 전공)

YTN 뉴스 비평
OBS 시청자 평가원
장애인방송시청보장위원회 편성분과위원
KBS 영국 연구 통신원

박사학위 논문으로 『Digitalising Korea - Transformations and Tensions: The Case of Audiovisual Service Trade and Intellectual Property Rights』가 있고, 「영국의 문화융성정책에 내재된 문화정체성의 비판적 소고」, 「세월호 참사에 대한 트위터와 포털뉴스의 의제 순위 상관관계 연구」 등의 논문이 있다. 저역서로 『디지털 시대와 미디어 공공성: 미디어, 문화, 경제』(공역, 나남, 2011), 『소셜 미디어 연구』(공저, 커뮤니케이션북스, 2012), 『사실적 텔레비전과 방송 편성 문화』(커뮤니케이션북스, 2014), 『글로벌 미디어와 문화경계』(커뮤니케이션북스, 2014), 『뉴미디어 뉴커뮤니케이션』(공저, 이화여자대학교출판부, 2014), 『디지털 방송의 보편적 서비스』(커뮤니케이션북스, 2015) 등이 있다.

이영주

한양대학교 미디어커뮤니케이션학과 겸임교수(현)

성균관대학교 문과대학 독어독문학과 학사

성균관대학교 사회과학대학 신문방송학과 석사

성균관대학교 사회과학대학 신문방송학과 박사(언론학 박사/커뮤니케이션철학 사상, 문화이론 및 문화연구 전공)

한국예술종합학교 한국예술연구소 책임연구원

서울과학기술대학교 IT융합정책연구소 연구교수

MyOn정치미학연구소 소장

SBS, MBN 시청자 평가원

주요 논문으로「마르쿠제와 랑시에르의 정치미학에 관한 이론적 탐색」,「언론학은 어떠한 인문학적 상상력을 필요로 하는가」,「지식 저널리즘과 텔레비전 문화」,「창조경제 정책의 성과와 평가: 영국 창조산업정책을 중심으로」,「악과 범죄에 대한 복수와 응징을 둘러싼 정서구조」,「정치, 저널리즘 그리고 미디어커뮤니케이션 양식 변환의 의미」 등이 있다. 저역서로『경계를 넘어선 예술』(공저, 한국예술종합학교한국예술연구소, 2013),『커뮤니케이션의 이해: 이론과 사상』(공역, 커뮤니케이션북스, 2013),『작은 문화콘텐츠 만들기』(공저, 한울, 2013),『방송통신 융합 시대 공영방송의 좌표와 개혁』(공저, 커뮤니케이션북스, 2005) 등이 있다.

한울아카데미 1824

고어텍스와 소나무
물질문화를 통해 본 소비의 문화정치학

지은이 | 류웅재 · 최은경 · 이영주
펴낸이 | 김종수
펴낸곳 | 도서출판 한울
편집책임 | 이교혜
편집 | 하명성

초판 1쇄 인쇄 | 2015년 9월 11일
초판 1쇄 발행 | 2015년 10월 1일

주소 | 10881 경기도 파주시 광인사길 153 한울시소빌딩 3층
전화 | 031-955-0655
팩스 | 031-955-0656
홈페이지 | www.hanulbooks.co.kr
등록번호 | 제406-2003-000051호

Printed in Korea.
ISBN 978-89-460-5824-8 93330

* 책값은 겉표지에 표시되어 있습니다.